Les nouveaux ados

Marcel Rufo
Serge Hefez
Philippe Jeammet
Daniel Marcelli
Marc Valleur
Patrice Huerre

Les nouveaux ados
Comment vivre avec ?

Sous la direction
de Brigitte Canuel

Tous droits réservés. La loi du 11 mars 1957 interdit les copies ou reproductions destinées à une utilisation collective. Toute représentation ou reproduction intégrale ou partielle faite par quelque procédé que ce soit, sans le consentement de l'auteur et de l'éditeur, est illicite et constitue une contrefaçon sanctionnée par les articles 425 et suivants du Code pénal.

ISBN-10 : 2.227.47599.4
ISBN-13 : 978.2.227.47599.1
© Bayard, 2006
3 et 5, rue Bayard, 75393 Paris Cedex 08 (France)

Préface

L'adolescence est plus que jamais en ce début de XXIe siècle l'âge de la vie le plus sensible et le plus vulnérable. Dans un monde qui leur paraît plus dur, plus sélectif et plus précaire, les adolescents ont-ils envie et se sentent-ils prêts à sortir de l'enfance pour s'engager dans la vie d'adulte ? Pris entre le désir de puiser leur force auprès des parents et le rejet de ceux-ci pour trouver leur autonomie, ils sont souvent tentés par le repli sur eux-mêmes ou par des comportements outranciers pour s'affirmer, se singulariser, voire appeler à l'aide.

L'adolescence demeure aussi une promesse. Si l'inconnu fait peur aux adolescents, les multiples possibilités qui s'ouvrent devant eux les stimulent et les encouragent. Mais devant les sollicitations incessantes de la société, peut-être ont-ils simplement besoin d'être accompagnés par tous ceux qui sont en charge de leur éducation – parents, école, société

– pour organiser un trop-plein d'envies dont ils ne savent que faire ?

Alors qui sont vraiment les ados d'aujourd'hui ? Ont-ils profondément changé ou est-ce le monde autour d'eux qui n'est plus le même ?

La société et les parents peuvent-ils organiser des réponses sociales et affectives adéquates pour répondre aux transformations et aux interrogations qui bouleversent les adolescents ?

Six psychiatres et psychanalystes, spécialistes de l'adolescence et de la famille répondent dans ce livre aux principales questions que se posent tous ceux qui font face un jour à cette période de la vie, complexe et attachante.

On les dit aujourd'hui dans une relation très fusionnelle avec leurs parents, avec leurs nouvelles formes de familles-tribus, mais toujours partagés entre leurs désirs d'autonomie et d'affection. Quelle place peut alors tenir l'autorité parentale dans une société en perte de repères et de transmission ?

Serge HEFEZ, psychanalyste, spécialiste des ados et des familles répond : l'autorité parentale, pour lui, est avant tout un processus de séparation qui permet une hiérarchie. Elle est donc nécessaire et indispensable à l'entrée des ados dans la vie adulte.

Ces ados confus se percent aussi tous les endroits du corps et contraignent ce dernier à des normes toujours plus exigeantes de la société. Ce corps que l'ado découvre comme un héritage parental, il le maltraite aujourd'hui de plus en plus avant de se l'approprier. Comment lui faire comprendre que ce corps constitue son identité en même temps qu'un langage et un atout, pas un ennemi ?

Philippe JEAMMET, professeur de psychiatrie de l'enfant et de l'adolescent et psychanalyste à l'Institut mutualiste Montsouris à Paris le dit clairement : l'adolescence, c'est « l'organisation d'une réponse sociale aux transformations physiques de l'ado ». Ce dernier a très peur de perdre le contrôle de ce corps qui change et les parents, comme la société, doivent l'aider à se projeter avec confiance, vers les autres, vers l'avenir et vers le monde.

On entend aussi parfois que les garçons seraient plus préoccupés de nouvelles technologies que de séduction et que les filles, très combatives, leur feraient peur et les éloigneraient d'une relation sexuelle et amoureuse naturelle !

Marcel RUFO, pédopsychiatre, directeur de la Maison des adolescents à Paris, nous rassure : « les ados rêvent toujours du prince charmant et de la fée », même dans une réalité difficile. Pour ce spécialiste, il est clair en tout cas que les parents n'ont pas à parler de sexualité avec leurs ados et que ceux-ci doivent se débrouiller pour acquérir leur autonomie. Mais pas d'inquiétude, ils appliquent beaucoup mieux que nous, les adultes, l'égalité des sexes dans leur sexualité.

Les parents et la société s'inquiètent en revanche de l'augmentation constante de la consommation de drogues et de cannabis en particulier chez les adolescents.

On sait que les phénomènes de mode, la prise de risques et l'envie de découvrir des plaisirs variés et défendus sont des caractéristiques de l'adolescence.

Pour Marc VALLEUR, qui dirige le centre des toxicomanies de Marmottan à Paris, cet âge est effectivement un moment particulièrement sensible pour toutes les dépendances, y compris aujourd'hui celles liées à toutes les nouvelles technologies – jeux vidéo, Internet, téléphone portable – ainsi qu'aux jeux d'argent.

Là encore, pour les parents, pas de panique, la mortalité par overdose de drogues est en baisse. Il s'agit plutôt pour eux d'exercer une vigilance constante pour voir si les ados ne s'éloignent pas de leurs proches et de leurs activités quotidiennes et de leurs projets.

De façon récurrente et sous la forme de faits divers spectaculaires, la violence des ados revient sur la scène médiatique. Les ados sont-ils devenus plus violents, entre eux et contre eux, et de plus en plus jeunes ? Les filles à leur tour sont-elles vraiment rentrées dans ce cercle infernal ?

Daniel MARCELLI, pédopsychiatre, chef du service de psychiatrie infanto-juvénile du CHU de Poitiers, décrypte pour nous, entre fantasmes et réalité, les vrais enjeux. Les comportements violents des ados mais aussi la violence de la société elle-même. Avec une interrogation pour les parents : sans contenants éducatifs, sans limites posées, comment un ado peut-il se repérer dans une société où le choix personnel et le droit à tout, tout de suite, sont les règles prioritaires ? Là aussi, il préconise une présence respectueuse mais ferme envers l'ado.

Quant à l'école, au savoir, les ados s'en désintéressent-ils davantage aujourd'hui ? Délaissent-ils la curiosité intellectuelle et le plaisir gratuit d'apprendre est-il abandonné au profit d'une inquiétude si profonde sur l'emploi et la précarité, que seule la quête permanente d'argent réglerait ?

PRÉFACE

Patrice HUERRE, psychiatre et directeur de la clinique Georges-Heuyer à Paris, se veut rassurant : face aux décrochages scolaires, il constate paradoxalement pour certains ados un surinvestissement qui les paralyse. Seront-ils à la hauteur des demandes de la société et des attentes des parents ? En revanche, il observe une école qui n'a pas beaucoup bougé depuis des décennies. Quant à l'argent, comme il demeure la seule façon d'être autonome et d'améliorer son confort de vie, il n'est pas anormal que les ados s'en préoccupent. Pas de défaitisme, mais de l'enthousiasme et de l'accompagnement dans la réalisation de leurs projets, c'est plutôt ce que Patrice Huerre propose aux parents.

Le lecteur le constatera tout au long de ce livre : dans une société de performance, de vitesse et de nouveauté, mais aussi dans une époque de discours inquiets, voire dépressifs, les spécialistes que j'ai interrogés sont beaucoup plus nuancés, parce qu'ils travaillent, eux, sur le temps, la durée et l'analyse approfondie d'une information ou d'une situation. Quand la société demande des réponses immédiates, tranchées et parfois simplistes, les psys s'attachent à écouter, réfléchir et ne pas juger. Que dit un ado qui va mal et ne peut plus parler, seulement se replier ou s'exprimer dans la violence ? Cette réalité d'un ado à un moment donné est la seule qui les intéresse. Et si ces spécialistes veulent approfondir les causes d'un malaise, c'est pour qu'un jour l'ado aille mieux, ait envie de vivre, de réaliser ses rêves et de s'insérer au cœur d'une société qui sera alors gagnante de jeunes adultes riches en force de vie et en projets d'avenir.

Brigitte CANUEL

1

La Sexualité
Les ados croient toujours au grand amour

Marcel RUFO

Dans une société de transparence et de voyeurisme, la sexualité reste définie par « une splendide autonomie » et doit rester secrète. Malgré les pressions médiatiques, l'information ne remplace jamais pour les ados la réalité psychique de la découverte personnelle. Ce qui est nouveau et qu'ils appliquent mieux que nous les adultes, c'est l'égalité des sexes dans leur sexualité !

Comment définir ce que l'on entend par sexualité chez un adolescent et quand commence-t-elle vraiment à se manifester ? Si on parle de préoccupation pour l'autre sexe, la classe de sixième, l'entrée au collège marquent un moment majeur dans ce que l'on appelle l'acte sexuel, tout du moins la préoccupation sexuelle. En revanche, ce qui est faux, c'est qu'en phase de latence entre 6 et 12 ans, donc avant l'adolescence, il n'y ait aucun émoi amoureux ! C'est justement l'âge où l'on est très profondément amoureux, mais avec beaucoup d'inhibitions, d'incapacités à dire à l'autre ses sentiments. L'entrée dans l'adolescence coïncide précisément avec l'émergence de cette capacité à dire : « Je suis amoureux de toi, je veux t'embrasser et plus tard j'aimerais avoir des relations sexuelles avec toi. » La première relation sexuelle est passée, en vingt-cinq ans, de 17 ans et demi à 17 ans, en moyenne ; on a gagné six mois, admettons un an, mais ce n'est pas énorme. On ne peut pas parler de plus grande précocité qu'avant ! Par certains aspects d'ailleurs, je crois qu'une sexualité trop précoce signe davantage un malaise qu'un progrès.

Dans toutes mes rencontres avec les adolescents, j'ai l'impression qu'ils sont les mêmes, et que paradoxalement, dans notre société de l'information et de la médiatisation, ils montrent un extraordinaire classicisme dans leur sexualité et la rencontre avec l'autre. La préoccupation majeure de l'adolescent reste la suivante : « Est-ce que je vais rencontrer quelqu'un qui m'aime et que je serai capable d'aimer ? » Non, je ne trouve pas beaucoup de différences entre aujourd'hui et hier ; j'observe plutôt le même schéma : les filles cherchent le prince charmant et font croire aux garçons qu'ils le sont ! L'unique changement touche l'expression de cette sexualité, peut-être plus extravertie, davantage mise sur la scène publique ou familiale qu'avant. En revanche les craintes, l'inquiétude, la peur de la rencontre, de ses propres capacités, existent toujours. L'information, même si elle partout, reste générale, et il s'agit toujours de « la sexualité ». Elle n'est jamais particulière, ce qui n'est pas la même chose. L'information ne remplace jamais la réalité psychique et personnelle de la découverte.

La sexualité comme forme d'indépendance

La transformation majeure dans la fonction sexuelle à cet âge de l'adolescence, ce n'est pas seulement la capacité à procréer, mais le désir de la relation sexuelle agie, du passage à l'acte. Cette relation mérite donc réflexion et maturation. C'est une nouvelle situation pour soi et aux yeux des autres. Vis-à-vis des parents, de la famille, c'est une façon importante de se séparer. La sexualité, c'est aussi la possibilité de construire une autre famille, de procréer, de quitter sa famille par la procréation. C'est pour cette raison que l'on peut voir la sexualité comme le grand séparateur. Pour un adolescent, l'entrée dans le monde sexué, c'est vraiment ne plus être le petit garçon, la petite fille de ses parents, mais devenir un être autonome, face à la sexualité qui l'a fait naître, partir à la conquête du monde.

L'adolescent est-il gêné par cette nouvelle donne face à ses parents ou y trouve-t-il au contraire une sorte d'envie d'affirmation, de force, de confiance ? Pour moi l'adolescent est toujours avec ses parents dans un lien très particulier de loyauté et de fidélité, mais parfois mal à l'aise parce que partagé entre ce lien, historique, archaïque avec sa famille et l'envie d'avoir une relation amoureuse. L'éclosion du désir, c'est cela : « Bien sûr que je vous aime, mais qu'est-ce que j'aimerais avoir une relation amoureuse ! »

Faut-il en parler ?

Ce n'est pas pour autant qu'il faut parler de sa sexualité avec son enfant, comme certains parents le font parfois pour paraître « cool ». Je le pense profondément : jamais les parents ne doivent parler avec les adolescents de leur sexualité personnelle. Vraiment ! Je passe parfois pour un « Père la pudeur », mais j'insiste : ce qui protège notre sexualité, c'est l'ignorance de la sexualité qui nous a fait naître. Il est fondamental que nos parents, dont on sait qu'ils sont des êtres sexués, ne soient pas sexuellement accessibles. On parle beaucoup d'inceste et d'abus, mais à mon avis, il est incestuel de parler de sa sexualité à son fils ou à sa fille. Que ce soit le père ou la mère.

Les parents ne doivent pas davantage connaître la sexualité de leurs adolescents. Pour les parents, c'est très gênant, cela peut même être l'horreur, ils ont souvent du mal à dire : « Je ne veux pas savoir si avec ton petit copain ou ta petite copine ça va ou ça va pas. » Prenons un exemple un peu cru pour bien montrer qu'il vaut mieux ne pas en parler. Un garçon vient voir sa mère en lui disant : « Tu sais maman, je n'y arrive pas ! » La mère va s'affoler ! Ou un père à qui sa fille dirait : « Tiens mon nouvel amant, il est plus compétent que l'autre ! » C'est impossible ! Impensable ! Je suis également contre la sexualité des adolescents sous le toit des parents avec ces derniers qui apportent le petit-déjeuner au lit ! Mais je suis pour que les adolescents se débrouillent pour faire cela chez eux quand leurs parents ne sont pas là. Qu'il y ait transgression, comme un rituel.

Un autre exemple : mon fils part en Angleterre, il a 16 ans, moi, sa mère, est-ce que je lui mets une boîte de capotes dans sa valise ? Non, je lui en parle, mais il faut qu'il les achète lui-même. Ce qui est important, ce n'est pas de lui glisser des capotes dans son nécessaire de toilette, mais de lui dire : « Tu dois avoir des relations protégées. » Il est au courant, il n'y a pas que du chewing-gum dans les distributeurs au coin de la rue ! Avec 2 euros, il peut se débrouiller. La vraie évolution pour l'adolescent, plutôt que d'accepter les préservatifs, tient à la démarche de les acheter.

Encore un exemple : le premier petit copain de ma fille, qui a 16-17 ans et habite la province, vient la voir, la soirée s'éternise, qu'est-ce que vous dites ? Eh bien vous dites : « Vous allez vous coucher ! » Séparément bien sûr ! En même temps, vous essayez d'avoir un sommeil immédiat pour ne pas entendre de bruit !

En gros, la majorité sexuée se situe vers 16-17 ans. La majorité civile, elle, est à 18 ans, donc vers 17 ans, il devient effectivement difficile d'intervenir. En revanche à 12 ou 13 ans, c'est beaucoup trop tôt. Il y a les années collège pour le premier baiser et les années lycée pour la première relation sexuelle, en majorité donc vers 17 ans. Il faut faire des gammes avant d'être complètement sexué. Mais ce qui est intéressant aujourd'hui, c'est que les adolescents ne font pas l'amour beaucoup plus tôt que nous, les vieux soixante-huitards libérés ! Toutes les incitations extérieures ne les troublent pas vraiment.

Nouvelles formes de sexualité ?

Tout ce déferlement d'images sexuelles dans les magazines, la publicité, la télévision ou même Internet – soyons honnêtes – plaît aux adolescents, les intéresse même. Mais que les parents se rassurent, ils s'en moquent aussi, ils regardent, mais comme tout autre produit de consommation courante. Maintenant à la télévision, il y a les yaourts et la sexualité, c'est pareil. Et s'ils ne sont pas si choqués par ce sexe montré comme produit de consommation, c'est que pour eux en fait ce n'est pas la vérité, ce n'est pas « pour de vrai », c'est pour la télévision ou la grande surface et ils font très bien la différence, très bien ! C'est nous, adultes, qui fantasmons beaucoup plus sur ce qui peut se passer !

À ceux qui s'inquiètent également que leurs adolescents puissent être contactés sur Internet au travers de « chats » privés, je réponds : « Mais êtes-vous sûrs, parents, que le voisin qui prend l'ascenseur avec votre fille, il ne la « branche » pas plus ou autant ? Et que les routiers dans la rue ne la sifflent pas ? » Ces nouveaux moyens de communication, finalement, ne sont pas si mauvais pour désinhiber certains adolescents, et je crois, moi, que le voisin pervers est plus dangereux que le Net. C'est comme la pédophilie : en dehors de quelques « Marc Dutroux », la pédophilie est à 80 % intrafamiliale, ne l'oublions pas ! Toute cette sexualité sortie de la confidentialité et qui s'étale partout ne rend les adolescents ni plus voyeurs ni plus inquiets, c'est du marketing. Leur histoire d'amour, elle, ressemble toujours à celle de Roméo et Juliette ! Du pur classicisme ! Regardons-les : comme ils peuvent être étonnants, en petits couples, fidèles, déjà organisés…

On remarque effectivement certaines « nidifications précoces », peut-être, chez des enfants de parents séparés et qui auraient manqué d'affection ou de protection. Mais ce qui est plus intéressant encore, c'est cette sorte d'organisation critique qu'ont les adolescents face à la libération des mœurs des soixante-huitards, cette façon de leur dire : « Vous êtes bien gentils mais nous, en fait on rêve toujours du prince charmant et de la fée. » Finalement ce fantasme est incurable ! Le « syndrome des Grimaldi » à cet effet est assez étonnant. Regardons l'histoire d'Albert et de son petit garçon, tout le monde s'y intéresse et l'affaire se passe plutôt bien. Il y aurait une belle étude à mener sur les lecteurs de

LA SEXUALITÉ

Gala et *Voici* dans les salles d'attente du dentiste ou du coiffeur, on verrait le nombre d'universitaires brillants qui se jettent dessus pour enfin savoir ! Chacun a en soi un rêve de prince et de princesse !

Il est vrai que des problèmes de sexualité spécifiques peuvent parfois se poser chez les adolescents de familles recomposées, notamment par exemple dans les relations entre une jeune fille et son jeune beau-père, entre une gamine de 14 ans et le nouveau compagnon de maman, qui a 33 ans par exemple. Je dirais que cette jeune fille doit faire l'effort d'être fidèle au niveau œdipien à son père, qui a été « débarqué ». Son père d'origine reste son père. Mais en dehors de ce cas particulier, c'est au sein des relations dites fraternelles, entre les enfants issus de plusieurs couples recomposés, que les choses me semblent plus singulières ou plus compliquées. Dire : « C'est ton frère » est plus difficile quand ce frère pourrait devenir un petit ami. La question du partage des chambres entre des garçons et des filles du même âge, par exemple, n'est pas facile parce qu'elle n'est pas protégée du tabou de l'inceste fraternel – inceste frères-sœurs qui d'ailleurs est beaucoup plus fréquent qu'on ne le croit et dont on parle peu. De même, dans l'organisation de ces nouvelles relations amoureuses : si la mère ou le père n'ont pas à donner d'explications, je leur conseille en revanche de gommer le côté exhibitionniste de leur recomposition amoureuse pour ne pas gêner leurs adolescents. Qu'il n'y ait pas d'impudeur dans ces nouvelles relations, par ailleurs très acceptables, mais dont l'adolescent doit être protégé. Il sait bien que papa dort avec une autre femme, mais il n'a pas à voir les prémices des rapports amoureux et sexuels à travers des manifestations de tendresse excessives.

Inégalité devant le sexe

Les garçons aujourd'hui sont sans aucun doute les grands oubliés en ce qui concerne les questions sur la sexualité. Les filles peuvent aller au planning familial, parler de l'IVG avec l'infirmière scolaire, faire des confidences à leurs parents, discuter plus de sexualité entre elles et c'est bien. Les garçons, eux, restent fixés sur la compétence et la dimension de leur sexe pratiquement toute leur vie ! Ils vivent la première fois en se disant : « Enfin je fais comme les autres ! » Presque comme un exploit sportif ! Avec toujours cet instinct de chasseur. Je constate encore au XXIe siècle une grande différence de maturité entre les deux sexes. Le garçon reste prédateur dans la sexualité, alors que la fille, même si elle est déçue par sa première relation sexuelle, reste consciente de l'importance que celle-ci va représenter pour elle dans la construction de sa personne. Un garçon est davantage dans la brutalité, l'immédiateté, en même temps que dans le rapport à la compétence et à l'action, face au rôle malgré tout un peu plus passif et réfléchi de la fille dans la sexualité.

Si le problème de l'orgasme par exemple les préoccupe, là aussi j'observe une différence entre le garçon, dont l'éjaculation signe malgré tout le désir et la jouissance, et la fille, pour qui l'orgasme féminin demeure plus compliqué, notamment dans le laisser-aller. Elle se dit encore : « Ne va-t-il pas me déconsidérer si j'éprouve une jouissance ? » Tout le mythe ancien autour de la femme perdure : a-t-on le droit de jouir sans être prise pour une « tordue » ? Pour les couples d'adolescents, l'expression de la jouissance pour la fille fonde davantage le couple, l'inscrit plus dans une certaine durée, que l'éjaculation du garçon qui est un standard. Mais le garçon a lui aussi ses questions : l'éjaculation précoce par exemple est dévastatrice pour un garçon et frappe aujourd'hui un nombre considérable d'entre eux dans leur sexualité. C'est une terreur pour eux et c'est aussi une faillite pour la fille parce que même à l'adolescence, si tout est « bouclé » en une ou deux minutes, c'est terrible !

Toutes ces questions, ils doivent pouvoir en parler, mais plus que l'école, je mettrais en avant les médecins de famille, qui devraient recevoir les garçons pour parler de la relation intime. Le médecin de famille, mais aussi le pédiatre qui les connaît depuis qu'ils sont petits. Pourquoi pas même le gynécologue et l'endocrinologue, deux médecins qui devraient pouvoir parler de sexualité avec les garçons. Ce serait bien.

Repérer un comportement déviant

Il ne s'agit pas seulement de confidence mais de prévention. Lorsqu'un drame arrive, comme notre société peut parfois en vivre – par exemple, un gamin de 17 ans qui travaille, qui a l'air normal, sympathique et qui tout d'un coup viole et tue une jeune fille –, on se demande toujours si l'on aurait pu repérer une sexualité déviante, perverse ou du moins perturbée. Je ne peux pas croire que ce garçon était aussi sympathique que cela et qu'il n'avait pas de trouble grave. Je suis absolument sûr que le type qui viole et qui tue est malade. Les parents doivent savoir qu'il est possible de repérer des pathologies, qu'il faut être très vigilant. La sexualité peut s'exprimer à l'adolescence de façon déjà pathologique.

La pédophilie est une forme de sexualité pathologique. Je prends un exemple pour illustrer mon propos, un exemple de signe clinique : un garçon de 16 ans qui joue beaucoup avec une petite cousine de 6 ans, qui se « bagarre » avec elle sur un lit, peut montrer là un signe de carence dans sa maturité. Les parents ne doivent pas accepter ce comportement, et lui dire : « Va jouer avec un gosse de ton âge. » D'autres signes de pathologie peuvent être la régression, l'isolement, le fait de jouer toujours avec des petits ou d'agir toujours avec une certaine violence avec des plus jeunes. Pour résumer, le plus troublant est d'imaginer que le gamin que je décris plus haut est normal, alors qu'il ne l'est pas. Le violeur n'est pas normal, le violeur est un malade avec un trouble de la sexualité, un mépris de l'autre, une perversité, une psychopathie. Celui qui est normal respecte la sexualité de l'autre, l'altérité qui fonde la relation sexuelle. C'est méconnaître la sexualité que d'être violeur ! L'exemple des tournantes est à cet égard également intéressant : la plupart du temps, ce sont des gosses – entraînés par un pervers généralement carencé, lui aussi stupide et malheureux – qui vont agir en « chosifiant » une gamine. Tous ces exemples dramatiques montrent l'intérêt capital de trouver des lieux pour parler de la sexualité.

L'orientation sexuelle

Les choix sexués en général – homosexualité ou hétérosexualité – sont fixés à l'adolescence ; je crois personnellement qu'ils « s'originent », prennent racine bien avant, dans l'enfance. En ce qui concerne l'homosexualité, celle-ci commence vers 4-5 ans. Un petit gosse peut par exemple être amoureux d'un autre garçon et très attiré par tout ce qui est féminin. Si leur petit garçon est toujours avec sa tante, sa grand-mère et ne regarde pas le football, ne se bagarre pas, n'a pas un arc ou un pistolet, les parents peuvent s'interroger ! Je caricature un peu volontairement, mais c'est par souci de clarté. La mère, la grand-mère, le père doivent savoir que l'homosexualité du petit garçon va s'exprimer par un choix amoureux à l'adolescence. Il peut s'y produire quelques « erreurs » d'hétérosexualité qui se change plus tard en homosexualité, l'inverse étant en revanche beaucoup plus rare. Il existe quelques homosexualités manquées, mais il existe peu d'hétérosexualités ratées. Parfois à l'adolescence, il existe un peu de bisexualité, mais je crois que les bisexuels sont plus rares qu'on ne le dit. Il ne faut pas confondre expérience homosexuelle et bisexualité. Je pense que la première est assez fréquente avec une forte culpabilité à l'appui, non dite d'ailleurs, et sous-estimée dans les statistiques. La bisexualité, elle, est un désir double de sexe, ce qui est très différent.

Aujourd'hui, les adolescents sont moins perturbés grâce à la possibilité plus grande de parler de leur homosexualité en famille. Je trouve même que les parents ont fait bien des progrès en matière de tolérance, progrès qui s'inscrit d'ailleurs dans l'ouverture de notre époque sur ces questions. Il n'empêche que les associations de garçons homosexuels nous alertent sur la morbidité suicidaire de ces adolescents, plus grande que chez les hétérosexuels. Ils se suicident à cause de cette « stérilité psychique » qu'ils ressentent et qui casse tout de même une filiation. Malgré les apparences sociales, ce n'est pas psychologiquement facile d'être homosexuel, même si on peut bien le vivre par ailleurs. Et c'est souvent plus difficile pour un garçon que pour une fille, car paradoxalement l'homosexualité féminine est mieux tolérée parce que non « agie »...

On me demande souvent si je suis pour l'adoption d'enfants par des couples homosexuels. Personnellement, j'y mets quand même beaucoup de clauses préalables. La première, et ceci peut peut-être enrichir le processus d'adoption : ce sont deux familles qui adoptent et non pas un couple homosexuel. Dans l'adoption en général d'ailleurs, ce sont les familles qui devraient adopter tout autant que le couple. La deuxième clause est plus spécifique à l'adoption homoparentale : l'enfant doit être déjà grand, avoir d'abord bénéficié de familles d'accueil et d'un certain développement psychologique grâce à ce placement où il a pu se construire avec des images bisexuées, garçon-fille. Et troisième clause, que le petit garçon ou la petite fille adoptée par le couple homosexuel le sache et accepte. Je ne vois pas pourquoi on ne respecterait pas l'enfant dans ce choix singulier. Cela concernerait donc des enfants âgés au minimum de 7-8 ans. Mais de plus en plus, je suis favorable aux adoptions tardives plutôt que précoces. Notons que l'adoption est un problème qui se pose davantage aux couples de garçons, parce que les couples de filles ont la possibilité de recourir à l'insémination artificielle dans certains pays comme la Belgique par exemple.

Évolution de la sexualité ?

Faut-il comparer l'adolescent de 1960, de 1980 et de 2005, pour évaluer les différences, les problématiques ou les pathologies nouvelles ? Si l'on regarde l'histoire, il faut balayer une période un peu plus vaste que trente ans. Je prends un exemple : Harpagon, dans la pièce de Molière, ferait aujourd'hui l'objet d'un signalement au juge, parce que tout de même il veut avoir des relations sexuelles avec une jeune fille ! Les adolescents d'aujourd'hui ont largement progressé sur certains interdits idiots touchant la virginité, ou les relations sexuelles globalement. Les changements significatifs ne se jouent pas sur une période si courte, mais sur cent ou cent cinquante ans. Il faudrait juger la situation dans cinquante ans. Dans les quarante dernières années, les bouleversements importants sont liés à la pilule, au préservatif, à l'IVG et à l'apparition de maladies graves comme le SIDA. Mais ce qui a vraiment marqué la sexualité, la nôtre et celle des adolescents aujourd'hui, c'est ce slogan : « On a un enfant quand on veut. » C'est cela la nouveauté des deux ou trois dernières générations.

On entend parfois dire que les filles d'aujourd'hui, tellement battantes, feraient peur aux garçons. Il y a bien sûr ces filles de 16 ans parfois agressives avec les garçons. Je le dis tout net, elles sont immatures ! De toute façon, l'agressivité ou la violence est toujours une impasse de pensée, pour un garçon ou une fille ! Là c'est intersexe ! Mais sinon, rien n'a changé là encore, ce sont toujours les filles qui décident en faisant croire aux garçons qu'ils ont décidé ! Même si les filles décident plus de choses qu'il y a trente ans, et si cela s'affirme un peu plus, cela fait bien longtemps que l'on sait qui est le sexe fort et qui est le sexe faible sur le plan affectif ! Il ne faut pas cependant confondre la femme d'affaires « croqueuse d'hommes » de 35 ans et la fille de 16-17 ans. Ce qui les rapproche est uniquement intergénérationnel. Ce sont les progrès du féminisme qui ont mis la femme à égalité avec l'homme. Le féminisme a permis aux filles de se dire : « Je ne vois pas pourquoi je ne m'exprimerais pas sur mes passions amoureuses ou sur mes choix », ce n'est pas nouveau. L'autre progrès accompli par le féminisme en matière de sexualité, c'est que les filles et les femmes disent davantage aux hommes : « Je te désire », ce qui facilite les choses pour les garçons, qui n'ont plus toujours à agir en premier. Finalement, l'audace des filles est peut-être un progrès sexuel ! Et sert beaucoup au pauvre garçon qui n'a plus à être systématiquement l'initiateur, mais peut parfois être enfin initié. Sur le plan de la sexualité, il faut qu'on réussisse à gagner en parité masculine, plutôt qu'en parité féminine ! C'est-à-dire que les garçons soient plus soutenus par les filles dans leur sexualité.

Quant à l'indépendance économique des filles, j'essaie d'en comprendre la réelle signification et l'impact éventuel dans les relations homme-femme. Par exemple, imaginons un célibataire de 25-30 ans invité au Danieli – le plus beau palais-hôtel de Venise – par sa copine : est-ce vraiment gênant ? Non, ce serait même pas mal du tout ! Personnellement je suis pour cette parité. Bien sûr, ce n'est pas à 14 ans qu'on agit ainsi, mais dans l'hypothèse de deux jeunes gens un peu plus âgés, le garçon va se dire : « Tiens, cette fille, elle est compétente, elle réussit ses études, elle m'emmènera au Danieli ». Si c'est un petit malin, il peut même se dire : « J'aurai de belles vacances avec elle plus tard », il se projette dans l'avenir et n'en est pas malheureux ou vexé. Les adolescents aujourd'hui intègrent cette notion de précarité, de chômage, et donc d'égalité, de partage, de variation des salaires. Ils intègrent ces différences socioprofessionnelles. Voilà quelque chose de nouveau et de positif. La parité en général progresse, même si en politique, la France apparaît à la traîne face à d'autres pays, comme le Danemark.

D'un autre côté, je reste aussi très classique. On n'a rien inventé de mieux que les mamans pour le bébé dans les premiers mois. Avec la présence du papa bien sûr, mais la maman garde plus de capacités parce que la vie intra-utérine a fabriqué une interaction des compétences entre le bébé et la maman... Ce qui est nouveau aujourd'hui peut-être, c'est qu'on arrive à égalité dans la différence. Il y a un peu plus d'égalité, mais il reste des différences !

Autre inquiétude de notre société : les technologies. Toujours plus présentes, elles éloigneraient les deux sexes l'un de l'autre. Mais Proust et Bachelard seraient sur Messenger ou Skype aujourd'hui ! Je crois plutôt que le texto a relancé la lettre d'amour ! Je ne pense pas que les technologies éloignent les deux sexes ou les isolent l'un de l'autre. Est-ce qu'elles n'offrent pas au contraire de nouvelles possibilités ? Pour être franc, j'aurais apprécié, ainsi que des tas de garçons inhibés je pense, de pouvoir m'exprimer plus facilement à cet âge de la vie parfois difficile. Je pense aussi à un enfant qui a un grave handicap : il est myopathe. Il communique sur le Net, et il m'a raconté quelque chose de très joli : « J'ai plein d'amoureuses, elles ne savent pas que je suis handicapé. »

Il y a aussi un autre élément qui a changé dans les amours adolescentes, ce sont les progrès des parents en matière de tolérance, d'intérêt et de curiosité. Ils ont le souci de comprendre leurs enfants, et pas seulement la préoccupation de les éduquer. Auparavant on les élevait, on leur disait : « Sois vierge, tais-toi, marie-toi avec la fille de mon voisin parce qu'il est nanti ou qu'elle a une dot. » C'était vers 1900 et depuis 1940-1945, les choses ne se passent heureusement plus ainsi ! Sans doute les sociologues en parleraient mieux que moi mais je le répète, je pense que l'histoire est plus étirée, qu'il faut beaucoup plus de temps pour modifier les comportements amoureux que pour modifier la manière d'avoir des enfants par exemple.

La question amoureuse, elle, reste encore une fois identique et même par certains aspects, presque éternelle. L'histoire de Roméo et Juliette demeure essentielle, de même que celle de Sissi impératrice ou encore les aventures des Grimaldi. Le besoin d'absolu est toujours là ! Quant aux suicides d'adolescents, ils n'ont jamais une seule cause. Évidemment quand l'adolescent n'est pas bien, n'a pas une bonne estime de soi, quand il ressent un trouble relationnel, de l'inhibition, des terreurs, comment peut-il être bien sexué ? La sexualité n'est que la représentation d'un bien-être général. Les relations amoureuses sont réussies quand on est bien, pas quand on est mal ! C'est un état global.

En conclusion, je voudrais dire aux parents de veiller avant tout à ne pas se poser des questions qui concerne leur propre sexualité ! À ne pas réactualiser leurs préoccupations sexuées au détriment de leurs pauvres adolescents. À ne pas vouloir rejouer une sexualité peut-être médiocre à travers la sexualité de leurs adolescents, qu'ils voudraient forcément réussie. Les parents sont des supports de projection, et les enfants, un écran de leur vie. La sexualité est tellement intime que je me demande si même la personne avec laquelle on vit a accès à la nôtre ; si, au sein même du couple, l'autre connaît le fondement de la sexualité de son partenaire. La sexualité reste définie par une splendide autonomie ! Cela se fait à deux, deux êtres qui restent fondamentalement autonomes, et c'est beau. Quant aux adolescents, je les trouve plutôt plus à l'aise que nous dans leur sexualité, sur la question de la responsabilité, sur tout ce qui concerne la pilule du lendemain, l'IVG, ou même sur ces choix amoureux mythiques qu'ils conservent de manière classique et romantique. Ils sont plus tolérants, les garçons acceptent mieux qu'une fille ait eu des aventures antérieures et la traitent comme une égale. Ils manifestent plus que nous l'égalité des sexes dans la sexualité.

Toutefois, ils ne sont pas plus forts sur le plan de la répétition des échecs dans les premières amours, ils se précipitent aussi sur des personnes dont ils savent qu'elles ne sont pas pour eux. C'est toujours très fréquent et, je pense, très humain ! Je vois par exemple une jeune fille extravertie qui sans cesse va vers des psychorigides. Et en même temps, des garçons très drôles et qui lui correspondent tout à fait, elle ne les voit pas. Je crois que souvent les adolescents, par ces mauvais choix répétitifs, cherchent justement dans l'autre quelque chose de différent d'eux qu'ils ne trouvent pas. Donc ils répètent. C'est une dysharmonie, un trouble qui empêche de savoir harmoniser ce que l'on peut et ce que l'on ne peut pas. Les adolescents sont en quelque sorte un peu « totalitaires », ils croient qu'il leur faut à tout prix être complets. L'exemple le plus caricatural, c'est le malheur du paranoïaque : il revient toujours à la situation qui le rend malheureux, mais peut-être est-il plus à l'aise dans le malheur que dans le bonheur auquel il ne peut pas accéder ? C'est compliqué la recherche de soi-même à l'adolescence, et les parents sont bien en peine pour aider. On ne peut que leur conseiller ce que disait Winnicott : « Il faut survivre. » C'est très difficile pour les parents, parce qu'ils sont témoins de quelque chose qu'ils comprennent mais qui n'est pas compris par l'adolescent. C'est redoutable, ils sont témoins, ils savent ce qu'il faudrait faire, mais l'adolescent ne comprend pas. C'est rude pour les parents. Quand ils viennent en consultation, ils ont droit à tout mon soutien.

Finalement, la sexualité des adolescents reste aussi difficile pour les parents que pour leurs enfants. De la part des parents, elle demande une sorte d'abandon, il faut justement à ce moment-là savoir se détacher, dire « pars ». Du côté de l'adolescent, c'est une conquête hypothétique. C'est un point d'interrogation chez les adolescents et une exigence de sens des réalités chez les parents. C'est parfois dans ces moments qu'ils peuvent vouloir parler de sexualité. Mais, moi, je répéterais : « Tu sais, moi je suis ton père ou ta mère, j'aimerais que l'on aille voir le médecin pour que tu poses toutes tes questions, tu seras plus libéré. » J'accepterais tout à fait le discours de l'adolescent, mais pour un accompagnement vers une consultation spécialisée. Imaginons un fils parlant à son père de son éjaculation précoce, lui posant des questions... et l'embarras du père. Celui-ci doit répondre : « Écoute, mon éjaculation ne te regarde pas, par contre je suis d'accord pour t'accompagner voir ton médecin pour qu'il te donne des moyens de dépasser cette difficulté, et je te remercie de la confiance que tu me fais en me le disant. » Ce n'est pas tout à fait pareil. Encore une fois, parler des relations amoureuses, oui, mais de tout ce qui concerne la pratique, la technique, non. Des deux côtés, il y aura des non-dits, des « faux dits », des attitudes gênées. Je trouve qu'il y a une tartufferie à croire qu'on est un confesseur de la sexualité de son adolescent, cela ne nous concerne pas, c'est même l'occasion de se libérer d'eux, de pouvoir dire : « C'est ta sexualité, c'est ton histoire, à toi de la vivre. » Nous n'avons pas à connaître la qualité sexuelle des amants de nos enfants. C'est tout.

2

L'Autorité
Ce n'est pas l'ado qui décide
Serge Hefez

Dans une société où la perte de repères collectifs et de transmission est plus forte aujourd'hui et où la famille se replie sur ses seuls liens affectifs, l'ado a besoin de limites posées et demande à ses parents davantage une harmonie conjointe qu'un partage des rôles très séparé. Ce qui est nouveau : un lien familial trop fusionnel qu'il faut à un moment donné rompre.

Établir une hiérarchie

L'autorité est avant tout un processus de séparation qui permet une hiérarchie. Deux personnes peuvent se repérer à l'aide de cette frontière qui les sépare. En cela, l'autorité diffère totalement de la sévérité, de la contrainte ou encore de la violence. Elle repose sur l'acceptation intérieure, chez les deux parties, de cette hiérarchie et donc de cette séparation. Elle signifie : nous ne sommes pas au même niveau, nous ne sommes pas semblables, pas les mêmes.

L'autorité a-t-elle un sexe ?

Je ne crois plus qu'il existe aujourd'hui une autorité spécifiquement féminine et une autorité spécifiquement masculine, c'est un peu plus compliqué. Il y a l'autorité inhérente à la relation et intériorisée par chacun des membres de cette relation, celle du père, celle de la mère. Et puis il y a l'autorité déléguée à un système extérieur à la relation et qui s'inscrit dans des hiérarchies sociales ou institutionnelles. Pendant des siècles et encore aujourd'hui dans beaucoup de sociétés, ces hiérarchies institutionnelles ont mis en place une certaine domination des hommes sur les femmes et des pères sur les mères. Par conséquent, comme les individus ne sont pas complètement immanents dans la nature, qu'ils ne sortent pas de nulle part, quelque chose de ces différences-là s'est intégré dans les esprits et nous incite à prendre pour naturelle l'autorité des pères. Elle est pourtant profondément culturelle et liée à la façon dont la différence des sexes a été mise en place et l'est encore dans certaines sociétés.

Les questions restent souvent posées en ces termes de naturalité : « Papa est-il naturellement plus autoritaire que maman ? », « Ne vaut-il pas mieux que l'autorité du père s'exerce plutôt que celle de la mère dans certaines circonstances, et vice versa ? » Les éléments culturels présents dans ces interrogations sont extrêmement importants et ont beaucoup changé ces cinquante dernières années. Ils ont d'ailleurs en France été concrétisés par la loi de 1970, qui stipule que l'autorité dans la famille n'est plus la puissance paternelle mais l'autorité conjointe des parents. Il y a donc là un élément légal, profondément institutionnel, qui reconnaît l'absence de naturalité de l'autorité paternelle. Si je devais mettre un bémol, je dirais que vraisemblablement du fait de la grossesse, des premiers soins à l'enfant qui continuent à être l'apanage de la mère, même s'il est de plus en plus partagé par les parents, il y a dans la séparation d'avec l'enfant une désintrication plus facile du côté du père que de la mère. Mais dans ma pratique clinique, j'observe que ces différences s'estompent de plus en plus et même s'inversent. Je constate que les pères ont tendance à être de plus en plus fusionnels et à avoir de plus en plus de mal à se séparer de leur enfant, à ne pas souffrir à travers lui, ou à ne pas se projeter dans celui-ci, dans ce qu'il ressent ou dans ce qu'ils ont envie que l'enfant soit. Et je constate les mêmes phénomènes à l'adolescence. À la limite, j'ai souvent le sentiment qu'aujourd'hui les mères s'en sortent mieux !

Cette fusion enchevêtre effectivement un peu l'ensemble des liens familiaux, mais je ne ramènerai pas cela à la seule question du père. La famille dans son ensemble devient de plus en plus uniquement un lieu d'affect, un lieu où l'on doit être heureux et bien ensemble. C'est cela qui empêche la hiérarchie et donc l'autorité. Je trouve que l'on a plutôt à se féliciter de cette fluidité des rôles entre le père et la mère, où chacun idéalement vient en appui de l'autre dans les difficultés qu'il peut rencontrer avec l'enfant. Par exemple, typiquement, lorsque l'enfant est malade. La maladie des enfants rend les mères folles. Leur inquiétude est viscérale sans doute parce qu'elles ont donné la vie et qu'elles se sentent plus tributaires de leur enfant dans leur propre corps. Là, justement, les pères viennent en appui pour calmer, rassurer, rationaliser et surtout apaiser la mère. Mais dans d'autres circonstances, si le père par exemple est harassé par son travail, inquiet et demande un peu trop à ses enfants d'être rassuré, la mère, si elle a moins de soucis professionnels à ce moment-là, peut très bien donner l'ordre d'aller se coucher !

Un adolescent est malin. Il sait très bien à qui s'adresser selon la circonstance, justement parce que cette fluidité des rôles entre le père et la mère pousse chacun à développer un certain nombre de compétences, en même temps que de maladresses d'ailleurs. L'adolescent le repère très bien. Il sait parfaitement choisir le moins inquiet pour ses sorties nocturnes, ses fréquentations ou ses vacances, le plus compétent pour un petit chagrin d'amour ou des problèmes relationnels. Le fait que l'autorité soit exercée par les deux permet que des compétences bien différentes émergent. Parfois il est même plus facile de parler avec papa ! Comme dans le cas des maladies ou d'inquiétudes liées à des problèmes à l'école, certaines mères sont beaucoup plus préoccupées des problèmes de rejet ou d'indifférence que peuvent ressentir leurs enfants à l'école. Là encore le père peut calmer le jeu et rassurer. L'inverse peut aussi se produire. Mais l'adolescent repère toujours cela et utilise ses parents pour leurs compétences réciproques. Le problème, en cas de conflit plus ou moins tacite entre eux, voire de rivalité, c'est que l'adolescent risque d'activer davantage ces rivalités que les compétences.

Dans ce contexte, le père au foyer ne représente aucunement une confusion de modèle. Tant que les choses sont vécues favorablement et positivement par les parents, c'est plutôt une source d'enrichissements pour les adolescents, même pour leur image sexuée. Ils se socialisent justement grâce à cela. Dans les premières années, les petits garçons et les petites filles ont tendance à exacerber leurs différences.

Dès le jardin d'enfants, les clans garçons/filles se forment, les petits garçons rentrent à la maison en disant : « Les filles sont bêtes » et les petites filles rentrent à la maison en disant : « Les garçons sont méchants. » Ils se cherchent à travers ces différences. Si leurs parents, au lieu d'exacerber celles-ci, leur disent que ce n'est pas si simple et leur montrent que dans leurs relations justement, il y a de l'intimité, de la confiance, de la douceur, du partage et pas de frontières entre les sexes, les enfants grandissent en se civilisant. L'apprentissage de la différence de l'autre et du fait que l'altérité n'est pas seulement liée à la différence des sexes, est une richesse plus qu'un danger. C'est même cela la civilisation. Les problèmes surgissent en revanche quand ces modèles ne sont pas très clairs dans la tête des parents eux-mêmes. Les représentations de ce qu'est un homme, de ce qu'est une femme, du rôle de chacun, sont complexes et faits d'éléments qui se superposent sans jamais se remplacer. On peut individuellement être traversé de beaucoup de conflits internes à ce propos.

Ce que je vois aujourd'hui de plus en plus en thérapie, ce sont des familles entières en recherche d'autorité. Parce qu'elles sentent davantage qu'auparavant cet emmêlement générationnel, cette intrication émotionnelle très forte entre les uns et les autres, elles pensent manquer de quelqu'un qui viendrait mettre un peu de hiérarchie, d'ordre, de séparation et donc d'autorité. Alors tout à coup, on pense « le père », car dans nos esprits l'autorité est encore liée au Père, au Roi, à Dieu. Cette autorité verticale, qui n'est tout de même pas si ancienne, a fortement imprégné notre culture. J'entends alors : « Le père ne tient pas son rôle. » Et les mères de renchérir : « J'aimerais bien que mon mari tape plus souvent du poing sur la table, il n'ose pas affirmer son autorité » ou « C'est toujours à moi de donner l'ordre d'aller faire ses devoirs, d'aller prendre son bain. » Et les pères de culpabiliser et de rétorquer : « Mais je travaille douze heures par jour, je ne vois pas pourquoi je ferais le gendarme quand je rentre à la maison. » Bref, tout cela crée un conflit conjugal parfois assez intense. Ces pères ne voient pas pourquoi ce serait leur rôle et en même temps, ils ne sont pas si sûrs que cela ne le soit pas. Le problème n'est plus aussi simple et crée effectivement un contexte un peu conflictuel.

Parfois les femmes empêchent les hommes de tenir ce rôle. Tout simplement parce que c'est conflictuel pour elles aussi. On est actuellement dans un moment où chacun veut à la fois quelque chose et son contraire. Quand le couple fonctionne, c'est bien, mais quand il y a un grain de sable dans les rouages pour une raison ou pour une autre, parce que l'adolescent commence à « déraper » comme tous les adolescents, là la panique surgit et plutôt que de chercher des solutions ensemble, on tombe volontiers dans les accusations mutuelles. On voit alors resurgir cette espèce de nostalgie des rôles bien définis et d'une autorité un peu transcendante qui viendrait mettre de l'ordre dans la famille. C'est préjudiciable évidemment, pour l'adolescent et pour l'autorité parentale.

L'adolescent ne pâtit donc pas de cette fluidité des modèles, sauf quand cela tourne mal ! Il en profite même très largement tant que tout va bien, que le père et la mère se parlent, ne se sentent pas trop en contradiction dans ce partage des rôles et dans leurs désirs ou leurs aspirations. Mais si les relations dérapent dans le couple, que l'adolescent se sent en difficulté ou qu'un événement extérieur survient - un déménagement, un deuil de grands-parents, etc., tout peut vite s'emballer. L'adolescent appuie alors exactement là où cela fait mal, sur les contradictions intérieures des parents sur ces questions précises : qui fait quoi, comment l'autorité se partage réellement ? L'adolescent subit davantage les contradictions, les conflits non résolus qu'on lui demande implicitement de résoudre, que la fluidité des rôles qui existe aujourd'hui.

C'est la même problématique lorsque quatre générations se côtoient, par exemple. Cela n'entraîne ni le gommage des générations, ni la confusion, sauf dans certaines familles où la tradition de patriarcat est très forte, avec une génération de parents qui ne s'est pas réellement séparée de la génération précédente et qui est encore très fortement sous son autorité. Là, oui, peut-être. Mais cela n'est même pas vécu comme un brouillage par l'adolescent, parce qu'il a repéré où se trouve l'autorité et il s'en débrouille.

Mais s'il sent que c'est une grande souffrance chez son père, il peut adopter des comportements extrêmes, des conduites sacrificielles ou vivre des symptomatologies lourdes comme l'anorexie mentale, des toxicomanies importantes et même des tentatives de suicides. Quand il y a un tel télescopage de générations, il n'arrive pas à trouver sa place. À travers sa conduite sacrificielle, il essaie de dégager son propre parent de son intrication avec la génération du dessus. Mais ces situations-là de télescopage de générations étaient plus évidentes par le passé parce que les liens de transmission et de filiation étaient plus fortement inscrits. Aujourd'hui, les parents se sentent plus facilement dégagés de l'emprise de la génération précédente même si les grands-parents interviennent concrètement dans le fait de garder les enfants en fin de journée ou pendant les vacances. Cela n'a pas d'impact réel sur la séparation psychique, qui est vraiment autre chose. Une grand-mère peut s'occuper d'un enfant toute la semaine, si elle est bien séparée de sa fille psychiquement, cela n'a pas de conséquence. En revanche, même si elle ne voit jamais son petit-fils ou sa petite-fille, si l'intrication entre mère et fille est trop forte, ce sera plus dommageable.

La recherche du conflit et ses limites

Je rencontre souvent des adolescents qui me disent : « Papa il ne sait pas me commander, maman elle me commande trop... » Les adolescents adorent s'engouffrer dans ce type de différence. Ils savent bien que pour tirer leur épingle du jeu, il vaut mieux des parents en conflit que des parents qui soient toujours d'accord. Combien de fois on entend : « J'en ai marre, vous êtes toujours d'accord », sous-entendu « contre moi ». Donc l'adolescent a plutôt intérêt à tirer du côté du conflit, jusqu'au point évidemment où il sent que ce conflit peut devenir dangereux et aboutir à la séparation, ce qu'il ne veut en aucun cas. Il a besoin de cadre, de limite, mais inconsciemment il a plutôt besoin de faire ce qu'il a envie de faire au moment où il le fait. Un adolescent qui dit : « Maman elle commande trop et papa il commande pas assez », est plutôt en train d'attiser un conflit entre ses parents, de leur dire qu'ils sont incapables d'exercer conjointement leur autorité vis-à-vis de lui, de se plaindre et de mettre ses parents en opposition. Il sent en fait un danger dans cette absence de cohésion parentale.

L'adolescent d'aujourd'hui, finalement, demande davantage une harmonie conjointe qu'un partage bien séparé des rôles. De plus en plus tôt, les enfants ont conscience que le couple parental est quelque chose de fragile. Ils sont entourés d'enfants élevés par des parents séparés, ce qui n'était pas le cas à la génération précédente. L'adolescent a particulièrement conscience que la stabilité de la famille ne va pas de soi, qu'elle est quasiment remise en question tous les jours. De plus, comme les couples sont plus exigeants sur ce qu'ils partagent ou non, leur intimité, leur sexualité, l'adolescent sent bien que sa famille est un lieu de conflit, d'instabilité et qu'il participe largement à cette fragilité puisque la majeure partie des disputes tournent autour de lui. L'adolescent perçoit cela à différents niveaux. Il sent qu'il y a un niveau où il peut tirer avantage du conflit et un niveau au-dessus, où des images plus catastrophiques peuvent surgir. Il se rend donc bien compte finalement qu'il est davantage protégé quand il n'y a pas ce spectre de séparation dans l'air.

Perte des repères et repli sur la famille

Ce problème d'autorité sur lequel bute la famille renvoie aussi, bien entendu, au problème plus global que rencontre la société où la perte de repères collectifs, de transmission, est plus forte aujourd'hui qu'hier. La famille est une mini-institution au sein d'une institution sociale qui la reconnaît comme telle et lui fournit un certain nombre de règles venant non plus de l'intérieur mais de l'extérieur. Dans les sociétés traditionnelles, la famille est très fortement ancrée dans des traditions qui n'ont rien à voir avec son bon vouloir : on n'épouse pas n'importe qui, on ne se comporte pas n'importe comment avec les cousins matrilinéaires et patrilinéaires, on élève les enfants de telle façon... Évidemment ce sont des contraintes, mais elles donnent un sens, procurent aux parents une sorte de tranquillité quant à la manière dont les hiérarchies se mettent en place, elles rendent le processus d'autorité évident et cohérent dans l'ensemble de la hiérarchie sociale. Notre société est parvenue à la situation exactement inverse. La famille aujourd'hui ne se légitime que d'elle-même et de ses choix. Le slogan « c'est mon choix » peut vraiment s'adapter à la fois au couple et à la famille. Toutes les questions d'éducation, d'autorité, de loi, sont redéfinies par chaque famille et créées en fonction de ses liens affectifs, de ce qu'elle a envie de mettre en place. Or on le constate, la famille se justifie et se replie de plus en plus autour du lien affectif. L'important est de s'aimer, de se faire du bien, de se faire des bisous, de se câliner les uns les autres, et tout cela contre une société qui apparaît de plus en plus hostile, difficile, dans laquelle les hiérarchies sont de plus en plus remises en question. Le discours enfle, sur la religion qui n'existe quasiment plus comme pilier, sur les politiques qui sont tous pourris, etc. La famille, elle, a de moins en moins conscience d'être là pour la société, c'est-à-dire de fabriquer des êtres pour la société, mais se positionne plutôt un peu contre elle et repliée face à elle. Au cœur de l'importance considérable accordée à ces échanges affectifs, les processus de séparation, de hiérarchie et donc d'autorité ont de plus en plus de mal à se mettre en place. Je vois incontestablement aujourd'hui des adolescents qui souffrent de manque d'autorité, d'institutions – religion, armée, rites initiatiques au sein de mouvements collectifs - et qui cherchent des repères, un encadrement, de l'autorité. Je vois des familles où, de plus en plus, on parle de pension ! Où l'on sent bien que l'on n'arrive plus à trouver les cadres et les limites à l'intérieur et que, pour se séparer, il faut avoir recours à ce type de dispositif, souvent efficace en effet. Moi qui donne rarement des conseils, je me trouve de plus en plus face à des familles à qui je dis : « Prenez un an de pause, séparez-vous, cela vous fera le plus grand bien, à votre adolescent aussi, il va trouver d'autres cadres, une autre hiérarchie et vous vous retrouverez mieux après. » Je ne le pensais pas il y a vingt ans.

Je vois aussi des adolescents attirés par des mouvements un peu sectaires, qui cherchent des cadres, des limites, d'autres groupes. Tous ces jeunes que je vois ne vont pas bien, mais surtout ils demandent à ce qu'on les arrête ! Tous ces adolescents qui souffrent d'anorexie, de toxicomanie, qui se scarifient de tous les côtés, qui fuguent, qui font des tentatives de suicide, qui sont parfois très violents à l'intérieur de leur famille, qui tapent leurs parents, défoncent leurs maisons, ces adolescents qui se font du mal, ou en font à leur entourage, demandent toujours à être contenus, à être arrêtés, à être limités. Leurs parents n'y arrivent pas parce que le plus souvent ils les aiment trop, et donc ils les aiment mal ! Ils sont tellement intriqués psychiquement, tellement projetés à l'intérieur de leurs enfants qu'ils n'arrivent plus à établir cette distance et cette séparation indispensables.

Un excès d'affection ?

Il est incontestable que l'excès actuel de fusion affective est néfaste au processus d'individualisation et de différenciation de chacun au sein de la famille. Bien sûr, je vois des familles maltraitantes, violentes, incestueuses - il n'y en a pas tellement plus aujourd'hui mais elles sont davantage surveillées, signalées, on sait généralement plus et plus vite ce qui se passe. Mais ce que je vois plutôt et qui est nouveau, ce sont des familles où l'on s'aime trop ! Où l'on s'aime donc mal, où il y a trop de projections sur l'enfant et l'adolescent.

On attend tout de lui. Les parents ont tellement perdu leurs propres repères intérieurs sur ce qui les constitue comme êtres humains, autonomes avec des projets, des cadres, des croyances, des idéaux qui donneraient du sens à leur vie, qu'ils reportent toute cette question du sens de l'existence sur la tête de leurs adolescents. Au lieu d'être un lieu de passage - c'est cela une famille, un lieu où l'on fait grandir des enfants pour qu'ils puissent s'envoler, toute l'éthologie nous le montre - au lieu donc d'être ce lieu de transition qui permet l'autonomie, la famille devient un cul-de-sac où l'on est enfermés pour se faire du bien et se rendre heureux les uns les autres. Or, il n'y a rien de plus paradoxal que de vouloir faire le bonheur de quelqu'un. Moi je vois ces familles où macère en permanence cette espèce de ressentiment, d'attente, de projection d'émotions des uns sur les autres, où l'on ne sait plus qui est qui. On parle souvent des recompositions de la famille comme d'un facteur aggravant ce processus. Mais dans les familles traditionnelles, ces intrications existent aussi. C'est peut-être un peu plus étouffant dans la famille traditionnelle et un peu plus conflictuel dans la famille recomposée, en terme de place des uns et des autres, mais ce sont les mêmes processus de culpabilité, de culpabilisation des uns envers les autres.

Rétablir une hiérarchie

Il n'y a pas nécessairement de pathologie adolescente vraiment nouvelle au sens où l'anorexie, la psychose, la schizophrénie, l'autisme, la toxicomanie, ont toujours existé. En revanche, toutes les problématiques de l'adolescence liées aux difficultés de séparation et de désintrication sont bien l'apanage de notre époque. Je n'entends que des adolescents qui me disent : « Ma famille m'étouffe ! » Je fais de la thérapie familiale dans un service de psychiatrie de l'adolescent où ils demandent tous qu'on les arrête, qu'on les limite, qu'on les sépare, qu'on les aide à se fabriquer une enveloppe qui puisse laisser émerger leur personnalité !

Trop de dialogues, d'explications, de justifications, ce que j'appelle la démocratie familiale, ont parfois des effets néfastes sur les adolescents. Nous ne sommes plus dans ces formes de hiérarchies très institutionnelles, très verticales où l'autorité de l'adulte sur l'enfant, comme celle du roi sur ses sujets et à l'image de celle de Dieu, ne devait pas s'expliquer. Nous sommes dans un moment démocratique, de démocratisation de la famille, et c'est tant mieux. L'autorité est un processus négocié. Il s'explique, se commente et permet de soutenir la démocratie en tant que telle. Mais jusqu'à un certain point ! C'est-à-dire que la démocratie doit se faire avec des hiérarchies. Comme dans une entreprise où le patron discute avec les syndicats, les employés, sans que cela ne remette en cause la hiérarchie. On doit pouvoir discuter mais jusqu'à un certain point, et sans jamais faire passer l'idée qu'en dernier recours, c'est l'adolescent qui décide. On discute, on se met d'accord, mais *in fine* la hiérarchie doit rester présente et ce sont les parents qui doivent trancher.

L'autorité parentale est de fait très protectrice. Jusqu'à l'adolescence, cela va en général de soi, l'enfant accepte l'autorité, sauf dans la problématique de « l'enfant roi » où justement, l'autorité et la séparation ne s'imposent pas. Mais à l'adolescence, l'enfant a besoin de se confronter à des limites qui soient claires pour trouver les siennes propres. Parce qu'il est mégalomane, cet ado se sent le maître du monde, sa puissance lui semble infinie et la transformation de son corps le rend un peu fou. Il s'agit donc de pouvoir l'encadrer sans le détruire, pour qu'il puisse trouver une estime de lui-même, sans être mégalomane ou se sentir humilié, mais pour qu'il puisse peu à peu se fabriquer et se reconnaître lui-même.

On me pose souvent la question de savoir si l'on en demande pas trop à la famille. Je ne le crois pas. Je crois qu'elle est là pour cela. C'est vraiment son rôle de permettre le processus d'autonomisation de l'enfant. Il faut qu'elle puisse le faire, de 3 ans quand tout d'un coup on peut lâcher le vélo jusqu'à 18 ans. C'est devenu de plus en plus difficile pour tout un tas de raisons extérieures à la famille. J'ai l'impression aujourd'hui - et je ne l'avais pas il y a vingt ans – que mon travail est une sorte de soutien à la parentalité. Montrer la hiérarchie, la séparation, la différenciation. Cela, c'est nouveau.

Il existe bien des différences entre un adolescent de 1960, de 1980 et de 2005, mais les dispositifs d'observation et de prise en charge sont aussi beaucoup plus présents. Néanmoins, on voit de plus en plus d'adolescents qu'on appelle « borderline », des cas limites, qui n'ont pas une pathologie psychiatrique à proprement parler mais qui ont du mal à trouver leurs contours, leurs limites, leurs frontières, à se sentir des individus autonomes qui peuvent dire « je », « je pense que, je veux que, etc. ». Ce sont tous ces états un peu limites, où l'on fait mal la différence entre le virtuel et le réel, entre l'autre et soi, qui deviennent de plus en plus envahissants dans les consultations. Cette situation s'aggrave lorsque l'adolescent fume beaucoup de cannabis ou que, pris dans des jeux vidéo, il a vraiment du mal à établir une différence entre le vrai et le faux, entre le monde de la réalité et le monde de l'imaginaire.

L'adolescent de 2005 est extrêmement au courant de l'état du monde et de la société dans laquelle il se trouve, il est relié au monde entier par les informations, le Net, etc. Il n'est pas très protégé parce qu'il est très « dans le monde ». Aujourd'hui, les adolescents bien construits ont ainsi plus de maturité ; ils ont une conscience très grande de la vie et du monde. En revanche, les adolescents en difficulté et qui ont du mal à trouver leurs frontières sont très inquiétants, parce qu'ils n'arrivent plus à différencier ce qui est important de ce qui ne l'est pas, à trouver du sens aux choses, et donc à leur vie. Ils ne parviennent plus à établir une hiérarchie dans toute cette masse d'informations, de bruits, de sons dans laquelle ils se trouvent plongés. Ils se cherchent en permanence, dans les problèmes liés à leur corps notamment, car ce malaise se traduit justement par le sentiment que le corps n'a pas de limites. Violence, tentatives de suicide, scarifications : « Qu'est-ce qui va me permettre de dire « je suis comme ça » ?! »

Un juste lien

Alors, qui seront les adolescents de 2020 ? Des tribus sans autorité ? Idéalement, on peut penser qu'on aura trouvé des solutions à ce problème d'autorité. La société les cherche d'ailleurs à travers la loi, dans les devoirs des beaux-parents envers les parents, etc. La loi cherche à sortir de la jurisprudence, la société dans son ensemble tente de donner du sens à ce fonctionnement tribal. Il faudra trouver des cadres pour que l'enfant puisse se repérer dans ces fameuses tribus, ces familles très élargies. Et pour moi, ce qui va le plus à l'encontre de ce processus, c'est ce schéma d'individualisation féroce qui s'impose depuis des décennies. La démocratie place l'individu au centre de la société, mais aujourd'hui quelque chose s'est accéléré, nous sommes de plus en plus dans une société d'individus.

Or la famille – même dans son minimum, deux générations – va à l'encontre de ces processus d'individualité. Il faut donc retrouver dans le lien social des éléments qui donnent au lien familial une consistance. Nous sommes pris dans un mouvement de balancier où toute forme de lien est devenue une contrainte. L'autre jour, je lisais le titre suivant sur une couverture de magazine féminin : « J'ai peur d'être accro à mon homme ». Tout est dit, c'est comme si tout lien affectif devenait une dépendance. Bientôt on entendra des mères dire : « J'ai peur d'être accro à mon enfant parce que cela empêchera mon individualité et ma propre vie ! » S'il y a un terrain où notre vigilance doit s'exercer, c'est justement celui-là : comment rester une société d'individus où ceux-ci continuent d'être reliés les uns aux autres par quelque chose qui les transcende, qui les porte. On ne va pas réinventer des religions ou des hiérarchies dont on n'a plus envie, mais il faut absolument trouver des projets collectifs. La famille, elle, ne peut que s'inscrire dans ces projets collectifs...

C'est tout de même un sacré paradoxe que, d'un côté, nous assistions à un difficile processus de différenciation en famille à cause d'un excès de fusion et de l'autre, à un trop-plein d'individualité qui brise les liens indispensables, à la vie en société notamment. C'est tout le paradoxe du lien, qui renvoie à une double image, la corde qui étrangle et qui étouffe mais aussi celle qui relie deux alpinistes entre eux et leur permet de se sauver la vie. Ce ne sont pas les mêmes. Pour qu'un lien soit souple, il faut justement que l'individu porteur du lien soit suffisamment autonome. Si l'individu est pendu au lien, celui-ci devient la corde qui étrangle plutôt que celle qui permet d'avancer. C'est cela précisément qui est à travailler sur le plan de la société et de la famille : que les liens soient souples et non étouffants.

Un autre phénomène de société est souvent jugé responsable de la confusion actuelle : l'uniformité de la mode chère aux parents et aux adolescents, notamment aux mères et à leurs filles. Force est de constater en effet que les boutiques des mères et des filles sont quasiment les mêmes. Mais l'habillage n'est justement que de l'habillage ! Je ne vois pas d'inconvénient à ce qu'une mère s'habille comme sa fille si elle est très au clair sur le fait qu'elle est la mère et qu'une génération la sépare de sa fille, qu'elles ne sont pas pareilles simplement parce qu'elles sont habillées à l'identique. La mère peut être en tailleur et la fille en jupon, si dans la tête de la mère la différence n'est pas établie, le tailleur n'y changera rien ! Cela peut être effectivement gênant si c'est un signe, un symptôme. Il est évident que la société pousse à une adolescence partagée des parents et des enfants et que nos figures d'identification – les stars de cinéma, de la mode ou de la chanson, ou encore les princesses de Monaco sur les vies desquelles on se précipite dans les magazines – s'inscrivent dans ce processus. À 20 ans, 30 ans, 40 ans, 50 ans, 60 ans, elles continuent d'être bronzées, de se marier, de por-

ter des bikinis et de faire des enfants. Il y a donc effectivement dans ces modèles quelque chose qui tend à décloison-
ner, à déhiérarchiser, à estomper la barrière des générations.

Mais après, chacun en fait ce qu'il veut. Une mère et une
fille qui vont ensemble faire des courses, rigolent dans les
magasins, essaient les mêmes vêtements, peuvent tout aussi
bien être deux adolescentes en fusion, qu'une mère et une
fille qui jouent à faire quelque chose ensemble. Les mêmes
signes ne renvoient pas forcément aux mêmes effets, ni aux
mêmes causes intérieures. Une petite fille de 12 ans se sen-
tira psychiquement en danger avec une mère habillée
comme elle, si elle constate que sa mère est dans une relation
de rivalité avec elle, qu'elle vit son adolescence à travers
elle, a trop besoin d'elle pour se sentir exister. Si elle sent en
revanche que sa mère est dans sa vie propre, dans ses investissements, dans son autonomie, tout en l'aimant et en prenant soin d'elle, la petite fille de 12 ans vivra sa vie et ne se
reconnaîtra pas pour autant en droit de ne pas obéir le
moment venu. L'autorité n'est pas directement liée à la
proximité des générations, c'est beaucoup plus complexe !

En revanche, nous sommes aujourd'hui face à un phénomène particulier, celui des lolitas. La proximité mères-filles
même dans l'habillement n'a rien à voir avec ce phénomène
des lolitas, ces filles à peine pubères qui jouent à être des
femmes. Les mères ne devraient jamais favoriser un tel comportement, elles devraient même l'interdire, c'est très clair.
Mais là, notre société suit aussi un mouvement très capita-
liste et consumériste, elle vise à transformer le plus tôt possible les enfants en consommateurs et entre autres, de très
jeunes filles en poupées sexuelles. De plus en plus tôt, les
petites filles – mais les petits garçons s'y mettent aussi –

sont fascinées par la mode, la beauté, par des achats de consommation effrénée : la dernière console vidéo, le dernier portable, etc. Là aussi les limites sont à poser par les parents. Rien ne les oblige à acheter le dernier gadget tous les trois jours, à laisser leur fille de 8 ans sortir avec une brassière au-dessus du nombril. C'est cela l'établissement de frontières, de hiérarchies, c'est cela aussi l'autorité !

Comment s'y prendre ?

Reste à savoir comment poser les limites, les interdictions, concrètement. À chaque âge, sa maturation, mais je trouve que la maturité légale de 18 ans signifie quand même quelque chose : l'adolescent est devenu un jeune adulte et peut faire un certain nombre de choix pour lui-même. Avant cet âge, il ne faut absolument pas donner à l'adolescent l'impression que c'est lui qui décide. Cela me paraît fondamental. On peut négocier, changer d'avis, mais *in fine* ce n'est pas lui qui décide. C'est une limite capitale. Il n'y a rien de plus insécurisant pour lui que d'avoir cette idée-là. Et moi qui encore une fois n'aime pas donner de conseils, je dirais aux parents d'aujourd'hui d'apprendre eux-mêmes à renoncer, pour leur adolescent, à trop d'idéal. De ne pas faire trop de projections sur lui. De ne pas lui adresser trop de demandes, comme celle de réussir et d'accomplir tout ce que soi-même on n'a pas su accomplir ou réussir, sur le plan personnel, professionnel ou relationnel. De ne pas trop l'étouffer avec une espèce d'idéal de perfection, de performance. De lever un peu le pied, pour ne pas l'écraser. Je ne veux pas dire qu'il ne doit pas y avoir d'exigences, parce que celles-ci portent un adolescent, mais il faut trouver la juste mesure : ne pas lui donner le sentiment d'être complètement livré à lui-même, ou à l'inverse trop écrasé par les demandes affectives ou de performance des parents. Si j'avais un seul conseil à donner aux parents, ce serait de s'appuyer tout autant sur leur propre vie, leurs propres idéaux, leurs propres investissements, que sur ceux qu'ils demandent à leur adolescent, et de trouver les bons aller et retour entre les deux. De ne pas tout mettre dans le panier de l'adolescent. Combien de fois j'entends : « C'est ma raison de vivre, si je ne l'avais pas je pourrais mourir », l'adolescent comme but ultime de leur existence ! Un adolescent ne peut pas s'en sortir avec des demandes si fortes.

On me demande souvent si l'autorité a de l'avenir au sein de la famille. J'espère bien ! L'autorité dans la famille s'accompagne et suit le mouvement de l'autorité dans la société globalement. Il y a un tel besoin de sens dans la société à l'heure actuelle que les réponses viendront aussi de là, et non pas seulement de l'intérieur de la famille. J'espère même qu'un mouvement de la société permettra de mieux se repérer à l'intérieur de la famille sur ce que l'on a à transmettre. Parce que la famille est avant tout un lieu de transmission. Avant elle était un patrimoine, un héritage, aujourd'hui elle est aussi un ensemble d'idéaux, d'idées, une religion, une morale, etc. Ce dont souffrent les familles actuellement, c'est de ne plus savoir quoi transmettre en dehors de l'affection ! Il faut absolument que les parents mènent une action dans la société à ce sujet pour que celle-ci en retour permette ces processus de transmission. Si la famille redevient ce lieu de transmission, les hiérarchies se remettront en place d'elles-mêmes. La famille n'est qu'un rouage de la société. Et la famille s'inscrit aussi dans des choix collectifs.

3

Le Corps
Aujourd'hui l'ado maltraite davantage son corps

Philippe JEAMMET

Dans une société d'apparence et d'image, ce corps qui change renvoie encore davantage à l'ado l'angoisse fondamentale de perdre le contrôle physique et psychique de son corps. Ce qui est nouveau, c'est qu'il le maltraite plus qu'auparavant. Aux parents de lui donner confiance et de lui offrir un regard positif sur le monde pour qu'il ait envie de s'y investir.

Qu'est-ce que l'adolescence ? C'est la combinaison de deux phénomènes. L'un, physiologique, qui a existé de tous temps : c'est la puberté, l'accès du corps à l'état adulte, à la capacité de procréer entre autres. Cette transformation physiologique est liée à des mécanismes hormonaux qui vont permettre le développement du corps, et celui des organes sexuels en particulier, jusqu'à sa taille adulte.

L'autre sociale, car l'adolescence c'est aussi la période où la société répond à ce changement en organisant ce que l'on appelait autrefois des rites de passage, aujourd'hui un peu dilués. C'est donc l'organisation d'une réponse sociale à ces transformations. Celles-ci vont en effet créer un problème que j'appellerais « d'aménagement du territoire » pour prendre le modèle éthologique, un problème de proximité avec le milieu familial, d'exogamie, c'est-à-dire d'une quête en dehors du nid, d'objets sexuels, entre autres. Donc un problème de bonne distance.

On considère qu'en un siècle, le phénomène de la puberté a gagné trois ans de précocité. Les causes sont nombreuses : un meilleur état sanitaire, une meilleure qualité de la nourriture et probablement aussi les exercices, les soins, l'exposition aux rayons solaires, etc., dont le corps bénéficie. En revanche, d'un point de vue psychologique, on ne constate pas nécessairement la même précocité. Beaucoup d'adolescents se retrouvent aujourd'hui – et on voit encore une accélération de ce phénomène à la dernière génération – avec un corps très grand, très formé, alors qu'ils ont 12-13 ans et qu'ils restent, majoritairement, des enfants. Des enfants qui ne peuvent plus venir se faire câliner, qui ne tiennent plus dans les bras comme avant, qui ont une taille d'homme dont ils ne savent pas quoi faire.

Un corps en héritage

Le corps est très exactement l'héritage de nos parents. L'adolescent découvre que ce qui lui est consubstantiel, son corps, il ne l'a pas choisi ! Cette grande partie de lui, il en a hérité. Les capacités cognitives de l'enfant se développent à l'âge de raison, pendant la phase de latence. À l'adolescence, il accède à des capacités de raisonnement quasi adultes qui l'amènent à s'interroger sur ce phénomène du

LE CORPS

corps, et il ressent d'autant plus le poids de cet héritage que les transformations importantes de la puberté lui sont imposées. L'adolescent prend donc conscience que ce qui le constitue ne lui appartient pas. Il doit gérer cet héritage et toutes les questions qui vont avec : « Pourquoi suis-je un garçon ? une fille ? Pourquoi suis-je grand, petit ? Pourquoi ai-je tel ou tel visage, les yeux, le nez comme ça, etc. » Ces interrogations sur les apparences renvoient de plus aux identifications avec les parents : « Tu as les yeux de ta mère, la bouche de ton père. » L'adolescent, lui, se demande : « Qu'est-ce que j'ai donc à moi ? J'ai peut-être mes pensées, mes idéologies, que je peux choisir... et mes accoutrements ! Mais mon corps, non seulement est un héritage, mais il est le stigmate de mes ressemblances avec ma famille. »

En outre, ce corps qui le protégeait jusqu'alors, devient, par la puberté et sa sexualisation massive, un lieu de trahison. Ce point est très important. En effet, le corps trahit les émotions, notamment par la rougeur, spécifique de la puberté, mais au-delà de la rougeur, par le malaise, la gêne, la maladresse. Tout d'un coup, le corps, au lieu d'être le rempart derrière lequel l'adolescent pouvait se cacher, devient le révélateur d'émotions contenues. L'adolescent est effectivement mal à l'aise avec ses émotions et avec tout ce qui touche à son intimité, il ressent à ce sujet des sentiments très mélangés. Je crois que c'est un des problèmes que l'on sous-estime à l'heure actuelle. On pense que les difficultés viennent de l'extérieur, des interdits et des limites, alors que la plus grande difficulté tient à ces contradictions internes, à l'intimité avec ce corps qui change et qui est vivant, bouillonnant de toutes ces émotions, qui est à la fois un facteur d'enthousiasme, de richesse, de sensations, d'émotions

53

extrêmement fortes, mais aussi d'inquiétudes. L'adolescent a peur d'être débordé, de ne plus contrôler et surtout d'être plein de contradictions, il a peur aussi que les autres se rendent compte de ce qu'il éprouve. Certains adolescents que je vois ne tolèrent pas que leur ventre gargouille, fasse des bruits, que les choses leur échappent, qu'ils soient trahis et cessent d'être maîtres chez eux. Ce corps s'anime alors qu'ils pensaient l'avoir tout à fait contrôlé à l'âge de raison.

Un nouveau langage

Le corps est en effet un langage qui échappe au pouvoir de l'adolescent et qui le renvoie à ce sentiment de dépendance, de passivité, dont il croyait s'être un peu délivré à l'âge de raison en devenant davantage maître de son corps et de son esprit. Brutalement, le voilà confronté à l'adolescence, qui est le révélateur des problèmes de l'enfance, qui hérite souvent des conflits et de ce qui n'était pas résolu avec les parents. Le corps devient assez naturellement un lieu d'expression des règlements de compte en suspens.

Parce que ce corps, c'est encore plus que notre maison, c'est nous-même ! Il témoigne de notre identité de garçon ou de fille, avec ses spécificités et ses ressemblances. Il contribue à assurer pour une part, outre un sentiment de continuité psychologique, notre identité. Celle-ci va flotter assez fortement. Les difficultés que nous rencontrons avec notre corps, surtout notre familiarité et notre distance avec lui, sont une manière de gérer la distance avec nos parents, dont le corps encore une fois est l'héritage le plus marquant, celui que nous ne choisissons pas.

Je le répète, ce qui pose un problème majeur à l'adolescent, c'est son manque de contrôle sur ce corps qui change.

Il renvoie à une angoisse fondamentale de l'être humain et l'exacerbe : l'angoisse de perdre le contrôle, qui se traduit sur le plan psychologique notamment, par l'angoisse d'être fou, d'être anormal, de ne pas être comme les autres. Cette angoisse très centrale chez l'adolescent, son corps en est le révélateur privilégié du fait de la brutalité, de la massivité des changements qui l'affectent et de l'impossibilité de tout contrôler. Face aux excrétions qui surviennent, aux émotions variées qui se manifestent, le sujet se sent plus ou moins impuissant. Cette impuissance est un facteur d'angoisse majeur. Bien entendu elle prendra une importance différente selon l'insécurité interne de l'enfant, qui dépend à la fois de son tempérament, de son héritage psychogénétique, mais aussi de son histoire et de la qualité de ses relations avec son entourage.

On appelle dysmorphophobies les peurs liées aux apparences corporelles. On trouve son nez trop gros, ses oreilles décollées, ses dents trop écartées, etc. Toutes ces fixations de l'anxiété sur l'apparence corporelle « prennent la tête » à l'adolescent comme si son destin se jouait à partir d'elles. Il a le sentiment que son apparence ne convient pas, qu'il ne la contrôle pas et qu'elle révèle des malaises bien plus fondamentaux. Une insécurité interne profonde.

Insatisfactions et angoisses

Les questions métaphysiques des adolescents sont toujours identiques sur le fond, même si leur expression change parfois. Ce sont des angoisses humaines liées à la conscience que nous avons tous de nous-mêmes, de notre valeur, de notre capacité à être aimé, à être digne d'attention ; angoisses liées aussi, d'un côté, à la peur d'être abandonné, de ne pas être vu et, de l'autre côté, au désir de fusionner, de faire corps avec l'âme sœur ou avec le double idéal. Cette fusion désirée entraîne aussi une angoisse : faire corps avec l'autre signifie ne plus être soi-même et ce besoin excessif de quelqu'un nous fait sentir à quel point nous sommes insuffisants nous-mêmes et donc dépendants. Ces contradictions, normales, sont toujours les mêmes mais lorsqu'elles sont vécues très intensément, elles peuvent avoir un effet traumatique sur le développement de la personnalité de l'adolescent. Elles l'amènent alors à vivre une sorte de violence, à éprouver qu'il ne sait jamais ce qu'il veut, ou en tous cas à se poser la question métaphysique qui en résulte : « La vie vaut-elle la peine, puisque rien ne me contente et que je ne sors pas de ces contradictions ? »

L'adolescent est partagé entre l'enfance qu'il idéalise plus ou moins, qui était protégée, adoucie par les câlins de maman ou la complicité de papa, et l'envie de courir le monde et de ne plus avoir besoin de cette protection. Quand il ne l'a pas, elle lui manque et quand il l'a, elle lui devient intolérable. Il en vient donc à questionner sa place dans le monde : « Puisque rien ne me satisfait, la vie vaut-elle la peine ? » Et c'est vrai qu'il y a suffisamment de problèmes dans la vie en général pour, comme dans la dysmorphophobie, fixer son esprit sur les malheurs, la méchanceté du monde, et ses désillusions. Le monde n'est certes pas facile, mais c'est l'histoire du verre à moitié plein ou à moitié vide. C'est parfois très pratique de voir ce qui ne va pas et d'y trouver une justification à cette position de rejet de soi et du monde.

Éprouver son corps

L'adolescent se livre alors parfois à des jeux dangereux, maltraitances, piercings, scarifications… Il faut ici différencier ce qui est ritualisé, c'est-à-dire pris dans un échange relativement codifié avec des adultes et a donc une signification sur le plan de la communication. Le piercing par exemple peut être une sorte de rite de passage, à travers lequel l'adolescent va afficher son besoin d'être vu, sa différence et son nouveau statut. Les rites de passage comportent toujours des marques corporelles, toujours violentes. Il n'y a pas de rite de passage doux… Pourquoi ? Je crois que la violence de ce passage vient marquer la rupture avec l'enfance et donner la preuve de sa capacité à surmonter une épreuve, une souffrance. C'est une valorisation. On sous-estime ce besoin très profond de mise à l'épreuve chez l'adolescent quand on veut lui faciliter l'accession à tout, lui éviter toute épreuve.

Ce besoin existe, et s'il ne faut pas le cultiver bien sûr, il ne faut pas non plus chercher à l'effacer totalement : faire ses preuves par l'épreuve est important. On le sous-estime et le piercing nous dit cela actuellement. Plus un adolescent est en quête d'une image de lui-même, plus la rencontre avec les autres va se faire sur le mode de la violence. Dans le plaisir partagé en effet, il ne sait plus très bien ce qui lui revient et ce qui revient à l'autre. On sait ce qui est à soi quand on a surmonté quelque chose de difficile. Par exemple, si l'on me prend la main pour m'aider à sauter, je peux me demander si c'est moi ou l'adulte qui en a été capable. Si j'ai sauté seul, que je me suis fait mal mais que j'ai réussi, cette victoire m'appartient. C'est tout simplement un problème d'identité. Quelqu'un qui est assez sûr de lui peut être aidé sans se poser de questions.

Une des clés de compréhension des difficultés de l'adolescence réside là : plus vous avez besoin de l'autre pour savoir qui vous êtes, moins vous pouvez tolérer son apport et plus vous ne pouvez le rencontrer que sur le mode de la confrontation. Cette confrontation va de l'opposition simple, banale, à la violence physique. Les scarifications représentent de ce point de vue une sorte de degré supplémentaire. Le piercing est encore un mode d'échange, au prix d'une certaine souffrance et d'une petite prise de risque. Certains ont besoin d'en rajouter en en mettant partout. Je pense aussi à cette souffrance que l'on retrouve par exemple chez les bébés carencés qui ne rentrent en contact avec l'extérieur qu'en se tapant la tête contre les bords du berceau. Le besoin de rencontre avec un adulte est d'autant plus intense que l'insécurité interne est plus forte : plus votre image est négative, plus vous ressentez le besoin que l'autre vous renvoie impérativement quelque chose. Ce besoin de l'autre est une violence qui vous est faite et vous ne pouvez y répondre que par une certaine confrontation qui vous assure, en même temps que la rencontre, de votre différence. La scarification est le signe d'un degré supérieur d'insécurité interne, le besoin de rencontrer l'autre ne peut s'exprimer que dans la maîtrise de la violence sur soi. C'est à un moment où ils auraient besoin d'être pris dans les bras que les adolescents font cela. Mais je le disais plus haut, à trop être pris dans les bras, on en arrive à ne plus être soi-même. Et une des manières de sortir de cette solitude, c'est de se donner soi-même des sensations. Des sensations qui ont souvent un rôle apaisant. Tous ces adolescents qui se scarifient ou se brûlent à la cigarette vous disent ensuite qu'ils font ainsi tomber l'angoisse et qu'ils sont même soulagés !

LE CORPS

Des jeux extrêmes comme par exemple l'étranglement par le foulard relèvent encore de ce besoin extrême d'une rencontre que l'on maîtriserait totalement en allant jusqu'à la limite, en faisant ainsi la preuve de son pouvoir de la franchir. Ce besoin d'aller au-delà de soi-même tout en gardant le contrôle, cette quête de sensations, se retrouve très fortement dans toutes les addictions et toxicomanies. Dans toutes ces expériences, il y a ce besoin absolu de se remplir de ce qui manque. Mais ce qui manque est indicible. Quel est ce sentiment de manque que les adolescents ont dans la tête ou dans le ventre ? Il est fait de tout et de rien, il est très difficile à concrétiser et ils y substituent donc des sensations. Pour ne plus sentir cette émotion indicible, dont ils ne savent pas de quoi elle est faite, ils la remplacent par des sensations fortes. Ils le disent tous : « Je vais en garder la maîtrise puisque c'est moi qui me les procure et que je pense pouvoir les contrôler. »

Un film avait bien révélé cela pour la toxicomanie ou du moins une forme d'addiction, *Le grand bleu*. Le problème, c'est que la force des produits fait que l'on ne parle souvent plus que de cela et pas du besoin qui y conduit. Ce film, et c'est là son intérêt, ne traite pas d'un produit mais d'un comportement. Ces sujets qui plongent vont se donner des sensations extrêmes en allant au plus profond de la mer où ils risquent de fusionner. Ils suivent tous ce besoin de ne faire qu'un avec l'immensité de la nature, de pouvoir dire : « Je suis rempli de tout, je vais jusqu'au moment où ma tête va éclater, mais je serai plus fort et je me retrouverai parce que j'ai la capacité de remonter. » Sauf qu'il faut toujours aller plus loin jusqu'au risque mortel.

59

Pourtant ce n'est pas une tentative suicidaire, c'est même le contraire : lutter contre la dépressivité qui les habite, contre ce sentiment d'insatisfaction, de manque, en se disant : « Je vais à la rencontre de ce qui me manque et je vais être plus fort. » C'est ce que l'on retrouve dans la fascination pour tous les sports extrêmes. Ce n'est pas la recherche du rien, mais au contraire celle du tout qui motive tous ces gens : être seul, se fondre dans l'immensité de l'univers, devenir l'univers même. Sauf que si vous le faites, vous disparaissez... Plus une activité est socialisée, plus ce désir est pris dans une médiation ou des apprentissages, plus se crée quelque chose de constructif ou de nourrissant dans l'échange entre soi et les autres. En revanche, plus cette activité est solitaire et sans apprentissage, plus elle vous laisse face à vous-même et ne vous nourrit guère en fin de compte. Il n'y a plus qu'à recommencer et à aller toujours plus loin. Tout le problème de l'adolescent, pris dans ce besoin de rencontrer l'autre, est d'accepter de recevoir. Et malheureusement plus le besoin est fort, moins il accepte de recevoir ! Et donc plus le besoin se maintient et ne peut se jouer que dans l'extrême.

Angoisses et pathologies

Contrairement à ce qui peut se dire, les garçons qui souffrent d'anorexie ou de boulimie ne sont pas plus nombreux qu'avant, les filles restent majoritaires dans cette pathologie. Ces comportements sont faits pour « ne pas dire » : le corps prend la place de la parole. Le but est, en partie, de trouver une issue à cette tension intérieure, tension d'autant plus importante que les manques et les contradictions vécues sont informulables. L'adolescent cherche en même temps à s'anesthésier et à masquer ses émotions en les remplaçant par des sensations : « J'ai trop mangé », « J'ai besoin de manger ». Trop manger ou ne pas manger sont d'ailleurs deux comportements très liés : tout anorexique a peur de devenir boulimique et le boulimique rêve d'être anorexique. Mais si les anorexiques vont souvent devenir boulimiques, les boulimiques deviennent rarement anorexiques, le besoin de manger étant trop fort. L'adolescente anorexique est prisonnière du contrôle qu'elle veut exercer sur elle-même : la privation devient une source de désir, en tout cas de sensations qui la sécurisent. Être plus forte que ses désirs lui donne souvent un sentiment de pouvoir, de puissance. Je parle au féminin car je l'ai indiqué, je vois une grande majorité de filles dans cette pathologie.

Dans les grandes lignes, ces comportements sont les mêmes aujourd'hui qu'il y a dix ou vingt ans, très stéréotypés. Rien ne ressemble plus à une anorexique qu'une autre anorexique. Alors que, quand ces comportements cessent, on se retrouve face à des personnes très différentes et très variées. La pathologie envahit le champ relationnel et appauvrit considérablement les différences. C'est pour cela qu'il ne faut pas laisser s'installer ces comportements à l'adolescence et qu'il faut les soigner. C'est toujours une lutte contre la dépression et pour la vie.

Le nombre de suicides n'a pas tellement augmenté ces dernières années, mais la France se situe à un niveau déjà important sur le plan européen. Je crois qu'il y a probablement un lien avec la dépressivité globale de la société actuelle française, qui est partagée entre des attentes importantes, des demandes d'être reconnue, aimée, et une sorte de nostalgie du passé, qui entraîne une peur du conflit, ou plus simplement d'affronter le monde. Le taux de suicides réussis est d'environ de 10 %. On constate beaucoup plus de tentatives chez les filles. Tout ce qui touche le corps concerne plus les filles, mais c'est souvent plus grave chez les garçons : il y a trois fois plus de tentatives chez les filles mais trois fois plus de suicides réussis chez les garçons. La tranche la plus sensible se situe vers 20 ans, donc après l'adolescence, et le risque s'accroît jusqu'à 25 ans. Il y a donc heureusement assez peu de suicides chez les jeunes adolescents.

À cette période, la tentative de suicide, comme je l'indiquais plus haut, est davantage l'expression d'une lutte contre la dépression, le sentiment d'abandon, l'impuissance, motivée par l'idée de redevenir maître de son destin. Les adolescents disent : « Je n'ai pas demandé à naître, mais je peux choisir de mourir. » Ils expriment le sentiment d'avoir de nouveau un choix, ce qui est le propre de l'homme. L'homme est le seul être vivant qui peut faire de la destructivité un choix d'expression de sa force. Détruire, c'est la créativité du pauvre. Ce besoin du créateur de s'autogénérer dans sa création, de reprendre en mains son destin, de faire une œuvre, peut s'inverser. La même personne, si elle ne peut créer, peut toujours détruire. On l'entendra dire : « Je suis impuissant à vivre, ça m'échappe, je m'effondre ? Non, j'ai une possibilité, détruire. Je quitte ma terre, je brûle tout. Quelqu'un que j'aime m'abandonne ? Je le tue. » Il y a une logique dans tout cela ! Et une très grande passion bien sûr. Dans cette passion, il y a évidemment une très grande vulnérabilité, qui lorsqu'elle n'est pas négative conduit à la créativité, mais qui bascule très vite dans le cas contraire.

Le problème de la réussite, comme du plaisir, c'est son côté aléatoire. Ceux qui souffrent d'une angoisse de séparation ne supportent généralement pas que cela puisse avoir une fin. Les psys ne sont d'ailleurs pas étrangers à ce dolorisme actuel de la société. Le « je souffre donc j'existe » n'est pas bon du tout pour beaucoup d'adolescents. Certes, il y a du chômage, de la misère, et ce n'est pas prêt de se terminer, mais on ne mesure pas à quel point les adolescents ont besoin d'entendre autre chose de la part des adultes : « Attends, attends, il y a des choses intéressantes à faire tout de même dans ce monde ! » C'est le plaisir des adultes qui motive les adolescents, pas leur compassion.

La dictature des apparences

Ces dernières années, ce qui a fortement marqué les adolescents, c'est cette extraordinaire ouverture de la communication, notamment à travers Internet, mais aussi la télévision, la radio, une expressivité tous azimuts, avec sa contrepartie, l'absence de limites. C'est l'idée par exemple que l'on peut tout dire et que du moment qu'on est sincère, cela a une valeur ! Terrible idée qui installe la confusion dans l'esprit des adolescents. Les conventions, les rituels se perdent et en l'absence de politesse, de respect, de limites dans l'expressivité, cette confusion conduit à la violence, la violence des ego : on ne tolère plus aucune frustration et on pense pouvoir tout envoyer à la figure des proches. C'est troublant pour un certain nombre de jeunes qui ne savent plus faire de différence entre soi et l'autre, soi et l'adulte. La différence des générations s'en est trouvée gommée.

Dans ce monde confus, la pression des apparences se fait de plus en plus forte. Mais disons-le clairement : les demandes de plus en plus nombreuses de jeunes adolescentes qui veulent avoir recours à la chirurgie esthétique doivent être traitées fermement par les parents. C'est simple, il faut leur répondre qu'elles ont bien le temps ! Il faut dire à une ado, que nous, parents, on la trouve très bien ainsi, que toutes ces imperfections relevées par elle nous paraissent très relatives et qu'il faut prendre du temps, ne pas se précipiter et faire d'un élément objectif qui est toujours plus ou moins présent, le fond du problème. Que la valeur de quelqu'un ne se limite pas à un aspect de son physique comme à un trait de caractère plus ou moins agréable, mais s'apprécie dans un tout. Que quand elle sera majeure, si vraiment quelque chose la gêne, elle verra. Les adolescents sont trop prisonniers de ces canons uniques de beauté, incarnés par la toute « nouvelle star » ! Mais il faut relativiser, ce phénomène existe depuis longtemps, et correspondre à un modèle qui lui plaît permet aussi à l'adolescent d'exprimer son envie de réussite. Autrefois nous souffrions d'une sorte d'écrasement des désirs et de la vie psychique. Aujourd'hui, la tendance inverse a triomphé et elle est tout aussi excessive. Encore une fois, il faut savoir dire à son enfant que son nez, peut-être un peu de travers, n'est pas un problème, et ne change rien au fait qu'il soit aimable, que la beauté, ce n'est pas répondre à une image, c'est une émanation, une création de soi. Si cette fixation de l'adolescent existe, les parents ne doivent pas y répondre, mais au contraire la relativiser et la remettre dans un ensemble.

Il en est de même pour l'obsession des marques. Cette pression culturelle de plus en plus forte finit par conduire toute une génération à un conventionnalisme inouï et terrible ! Les parents, sans placer l'adolescent trop à l'écart de ses amis, et l'exposer à une éventuelle persécution et au racisme violent qui existe sur l'apparence, doivent trouver un

LE CORPS

compromis : ne pas le marginaliser mais ne pas le suivre systématiquement. C'est à l'école aussi de faire un effort face à ce « prêt à porter de la pensée », de poser les limites du respect, de la discipline, du savoir « être soi » par l'affirmation de ses convictions. Je crois beaucoup à l'aide que procurent les groupes de parole aux parents qui le souhaitent. Ces échanges leur donnent de la force, parce que seuls, le combat peut être épuisant. Là encore, ne noircissons pas les choses. Tout ne fout pas le camp, le bon sens demeure, la plupart des gens veulent bien faire, mais souvent ils se sentent trop isolés. Il faut recréer une dynamique de sang froid !

La liberté des mœurs se mesure à l'expressivité beaucoup plus grande des adolescents sur ce sujet. Les troubles d'expression ont d'ailleurs pris le pas sur les troubles intériorisés. Les adolescents souffrent parfois en retrait mais le plus souvent de cette surexpressivité. Il faut actuellement faire très attention à cette complaisance à la douleur qui finit par donner une identité à la souffrance, celle-ci devenant du même coup une façon d'exister. Comme toujours, grâce à ce qui va mal, on est vu et en même temps on s'assure de sa différence, on en fait une originalité, une valorisation, un statut, souvent à la place d'une mise à l'épreuve par l'effort. La société a tendance à se cliver entre ceux qui, d'un côté, vivent dans un surinvestissement de l'effort, de la performance en tous genres, compétition, sports, etc., parfois jusqu'à être quasi martyrisés, et de l'autre, ceux qui sont encouragés dans une sorte de dolorisation, tout aussi extrême : « Il faut que tu sois heureux, que tu fasses ce qui te plaise et si tu souffres, je suis là. »

Globalement, cette image donnée par la télévision, d'une jeunesse à la fois illimitée et sans limites, survalorisée et en même temps abandonnée, trop livrée à elle-même, brouille

65

l'identité des adolescents. Ils ont beaucoup de mal à se trouver. Les adultes, eux, ont du mal à tenir leur position d'adultes, entre jeunisme et laxisme, alors qu'ils devraient dire aux adolescents : « Tout de même la vie vaut la peine, il faut se donner les moyens de l'aborder avec le plus de choix possibles et développer ses compétences pour essayer de s'épanouir. » Répéter qu'être un homme, c'est justement pouvoir se donner des marges de choix. Si on est prisonnier de ses émotions, on ne peut pas choisir. Ces adolescents qui sont en insécurité ont forcément moins confiance en eux et en leurs capacités. Et moins vous avez confiance en vous, plus vous êtes dépendants de l'environnement et de ses apparences !

Ce qui compte aux yeux des adolescents, c'est la conviction, plus que les arguments répétés. C'est de maintenir sa position et essayer d'ouvrir l'adolescent sur l'extérieur, sur des activités avec les autres, lui donner des occasions de réussir des choses hors du regard parental. S'il y a une trop grande attente mutuelle, c'est intolérable pour chacun. Et il suffit souvent que quelqu'un d'extérieur intervienne pour que tout aille mieux. Il faut envoyer les jeunes vers l'extérieur, ils sont trop aujourd'hui dans le « familialisme ». Dans cette époque de familles éclatées, il n'y a jamais eu autant de recentrement autour du noyau familial, plus ou moins élargi, mais toujours face à un monde qui serait mauvais, dangereux. Une sorte de repli sur des formes un peu nouvelles, tribales, de familles, face au méchant dehors ! C'est très mauvais pour un adolescent. Quand les parents ne peuvent plus rien faire, c'est à l'extérieur que les enfants iront se valoriser. Il faut leur dire : « Allez donc voir un peu ailleurs ! » Il faut absolument rouvrir le cercle parce que si l'on se ferme – et la société fait cela aujourd'hui – on vit dans une espèce de repli très basique quasi identitaire et étouffant.

Redonner envie

Ce qui différencie fondamentalement les adolescents des années 1980 et ceux de ce début de siècle, c'est que ces derniers sont trop confrontés aux doutes des adultes. On est passé d'un excès de certitudes à trop de doutes. Cela les angoisse et les conduit pour les plus fragiles à des provocations. On vole leur enfance en les immergeant dans les problèmes des adultes comme s'il n'y avait pas de différence entre eux. Les droits, c'est bien, mais on ne parle pas assez des besoins, et un enfant a besoin d'être protégé et qu'on décide pour lui, selon son épanouissement bien sûr. Il a le temps, ne le laissons pas décider de tout, c'est trop dur. Il y a une tyrannie du choix qui anéantit le désir à l'adolescence. C'est bien d'être un peu frustré... Je le répète, il faut leur redonner le goût d'avoir envie.

4

La Violence

La première des violences est celle de la société

Daniel MARCELLI

Dans une société du « tout est possible » et du « tout, tout de suite », où beaucoup de contenants éducatifs ont été abandonnés, l'interdit paraît insupportable à l'adolescent, qui est débordé par son émotionalité exacerbée et une violence non canalisée par des rites initiatiques. Le passage à l'acte est aujourd'hui plus fréquent. Poser des mots et réparer est indispensable, et pourrait aider à diminuer cette violence. C'est le rôle de l'éducation.

Définition

La violence des adolescents a toujours été un thème récurrent. Même dans des textes anciens, chinois, égyptiens ou grecs, on peut lire ce constat : « Les adolescents de maintenant ne sont plus comme avant ! » Beaucoup plus récemment, un article du *Monde* de 1992 donnait à peu près la même analyse. Il ne faut donc pas se laisser prendre par ce discours répétitif mais plutôt en extraire ce qu'il y a de nouveau, parce que je crois que, fondamentalement, les adolescents d'aujourd'hui ne sont jamais ceux d'hier. Être adolescent, c'est justement ne pas être comme les précédents. C'est la marche du monde.

Entre fantasmes et réalité, on peut tenter quelques pistes d'analyse et en premier lieu définir ce qu'est la violence et en quoi elle diffère de l'agressivité. Si l'agression est un acte visible et objectivable par un tiers, l'agressivité relève de l'éthologie et décrit généralement des comportements qui précèdent l'agression. Cela peut être le retroussement des babines, l'érection des poils chez certaines espèces, des grognements, des gestes de menaces. À ces signes d'agressivité comportementale, correspondent des systèmes neurosynaptiques où se trouvent des régulateurs qui peuvent agir juste avant le déclenchement de l'agression. L'agressivité et l'agression n'ont donc pas nécessairement de liens systématiques. On le constate surtout chez les animaux. On peut être agressif sans agresser et agresser sans avoir été agressif auparavant.

La violence, elle, appartient à un vocabulaire moral et se situe dans un système de valeurs. Un proverbe chinois me semble bien la définir : « On dit d'un fleuve qu'il est violent quand son cours emporte tout sur son passage, mais on ne parle jamais de la violence des berges qui l'enserrent ! » Autrement dit, un fleuve est violent quand les berges l'empêchent d'aller se répandre dans les bassins d'expansion. La violence est la dimension culturelle et sociale d'un rapport entre deux éléments. Bien entendu, la violence s'exprime par l'agressivité ou l'agression, mais une certaine violence peut également demeurer intérieure, encadrée par des barrières et ne jamais s'exprimer.

On observe différentes formes de violence : la violence psychique, la violence physique extériorisée contre les personnes et les biens, et la violence retournée contre soi, automutilations, tentatives de suicide, etc. Une dimension très importante est constante : l'émotionalité. La violence, en effet, peut exploser soudainement. Alors qu'elle n'était pas nécessairement prévue, elle fait irruption. Elle est à l'image du volcan ou du cyclone, ou encore du tsunami par exemple. Quelque chose de contenu et dont la digue craque.

À la question qui nous préoccupe, « l'adolescence est-elle particulièrement propice à la violence ? », il faut répondre clairement : incontestablement. Dans un corps en pleine puberté et une tête où toutes les relations avec les autres se réorganisent en fonction de cette puberté, il existe effectivement quelque chose qui « fait violence » au jeune, qui le tourmente, le pousse, le perturbe. Le problème est alors de savoir quelles sont les digues qui vont être capables de contenir cette violence.

Le désir et le manque

L'enfant est un être immature au plan physiologique et son corps ne demande rien qui empiète sur le corps de l'adulte. Un enfant a besoin de nourriture, de couvertures, de câlins, et n'importe quel adulte bienveillant peut le lui procurer sans que cela ne lui prenne quoi que ce soit. En revanche, un adolescent de 15-16 ans qui a envie d'une relation sexuelle, par exemple, ne peut pas l'obtenir sans que cela n'empiète sur le corps de quelqu'un d'autre. À partir du moment où l'individu est sexué, la problématique de la sexualité rend l'individu dépendant de l'autre. Quand on est sexué, on est coupé – « sexué » vient du latin *secare*, « couper » –, et cette coupure est violente. Nous, pédopsychiatres et psychanalystes, nous parlons de l'omnipotence de l'enfant : l'enfant n'est pas sexué, il n'est pas « agi » par la sexualité génitale puisqu'il est impubère, il est donc dans une certaine position d'omnipotence, il peut tout désirer, tout vouloir et il n'a pas de besoins qui le confrontent à la coupure ou au manque à partir du moment où son papa et sa maman sont là pour l'aider. Contrairement à l'adolescent.

En effet ce qui perturbe celui-ci et le rend violent, c'est de se trouver tout d'un coup confronté à quelque chose d'intolérable : pour le reste de sa vie, la satisfaction de son besoin va dépendre du bon vouloir de l'autre. L'éducation traditionnelle visait à montrer que la satisfaction de l'enfant dépendait du bon vouloir parental ; à présent, elle consiste plutôt à satisfaire le besoin de l'enfant en sacrifiant le bon vouloir parental. Ceux qui arrivent aujourd'hui à l'adolescence ont été élevés avec l'idée que la satisfaction de leurs besoins l'emportait sur toute autre mission. Et d'un seul coup, ils doivent composer avec cette loi extrêmement contraignante que la satisfaction de nos besoins, en tant qu'êtres sexués, dépend de la bonne volonté de l'autre. Et sauf à réduire la sexualité à une copulation, cela ne changera pas ! Copuler, c'est s'occuper de la satisfaction de son besoin et pas de celle de l'autre. La relation amoureuse, elle, consiste au contraire à tenir compte du désir de l'autre, c'est un jeu relationnel autour du désir réciproque et c'est ce qui nous rend humains.

L'adolescent est donc confronté à cela. Peut-être davantage les garçons que les filles parce que chez eux, le besoin physiologique est plus fort à cause des hormones mâles qui incitent au passage à l'acte, à l'agression, à la combativité, alors que les hormones femelles poussent au ralentissement, à l'attente. Il existe donc bien des données physiologiques qui renforcent ou valident les comportements sociaux. Mais le problème actuel tient effectivement à la question éducative, à la construction des berges qui vont contenir ces pulsions. Une grande partie de l'éducation jadis consistait à construire des berges, parfois même si contraignantes qu'elles provoquaient elles-mêmes un débordement de violence. Aujourd'hui, il n'y a plus de berges et les jeunes sont violents parce que leur pulsionalité n'est pas canalisée.

Progression de la violence ?

On me demande souvent si je reçois davantage d'adolescents violents, davantage de filles et de plus jeunes qu'auparavant. Si l'on prend en compte toutes les manifestations de débordements pulsionnels, si l'on y inclut toutes les situations de boulimie ou d'anorexie mentale par exemple, de scarifications, de tentatives de suicide, je constate clairement une augmentation de ces manifestations de violence, avec une grande différence entre les deux sexes. Chez les garçons, c'est davantage une violence extériorisée et tournée vers la société et les autres. Chez les filles, cette violence est plutôt retournée contre leur corps.

Aujourd'hui, on maltraite davantage son corps. Ces maltraitances sont d'ailleurs de plus en plus concomitantes de la puberté, et comme celle-ci a gagné environ trois ans en précocité entre 1850 et 1950, elles se produisent plus tôt. La situation est toutefois à peu près stabilisée depuis 1950, sauf quand des régressions de systèmes sanitaires interviennent dans certains pays – moins de vaccinations, de suivis de toutes sortes – qui font à nouveau augmenter l'âge de la puberté. En Europe, depuis 1950, la puberté s'est stabilisée en moyenne, en Europe, autour de 11 ans et neuf mois chez les filles, et 12 ans et quatre ou six mois chez les garçons. On observe donc des processus violents à partir de 12-13 ans chez les filles, et 12 ans et demi-13 ans et demi chez les garçons.

Dès le début de cette adolescence, ces jeunes, emportés par le processus pubertaire, sont en difficulté parce qu'ils n'ont pas reçu les contenants éducatifs d'autorité pendant leur petite enfance. Auparavant, nous avions affaire à des jeunes de 15-16 ans. Les contenants éducatifs d'alors, trop contraignants, les amenaient à un débordement de violence vers cet âge, quand ils en avaient la force musculaire.

Les adolescents d'aujourd'hui, eux, sont tout de même heureusement conscients des contraintes extérieures, à défaut de limites intérieures ; ils savent qu'une caméra les surveille et que s'ils volent, ils vont se faire prendre. Ils sont inquiets, ils font attention à la répression et ils essaient de ne pas passer à l'acte même quand ils sont tendus ou énervés. En revanche, ils prennent des produits pour se déstresser : « Avec l'alcool ou le hasch, je suis cool. » Ce qui signifie, en réalité : « Je contiens ma violence ! Je n'ai plus ma morale, mes interdits, mes limites, le discours parental ou social, j'ai mes produits. » Auparavant, le discours social posait : « Ça c'est interdit », aujourd'hui il dit : « Tout est possible ». L'adolescent est piégé. C'est bien de dire que l'on peut tout faire, mais à condition d'avoir des normes intériorisées. Sinon le recours à des produits extérieurs s'impose. Il est évident que cette idéologie sociale du « tout est possible » fait violence aux adolescents et tout particulièrement aux plus démunis.

La violence dans la famille

Les adolescents se trouvent pris dans trois formes de violences, familiale, scolaire et sociétale. Commençons par la famille. Ce qui déclenche la violence chez l'adolescent, c'est presque toujours le rapprochement parental, ce que j'appelle le « rapproché excitant ». Prenons l'exemple d'un père et d'un fils, qui discutent. À un moment donné tout le monde s'excite et s'énerve. Quand un enfant est énervé ou qu'il est tombé et qu'il a mal, le parent le prend sur les genoux, lui fait un gros câlin et l'apaise. L'apaisement est directement proportionnel à la proximité parentale. Pour un adolescent, lorsque la discussion s'anime, que le parent se rapproche, il y a un point en deçà duquel le rapproché devient encore plus excitant. On entend alors : « Laisse-moi tranquille, maman, fous-moi la paix, papa, va-t'en, pousse-toi. Quand tu te rapproches de moi, maman, papa, je ne sais pas ce que j'ai mais tu m'énerves, j'ai envie de te massacrer ou de te rentrer dedans. Je suis animé d'une pulsion qui risque de me déborder. » Il faut alors que le parent intervienne : « Va dans ta chambre te calmer. » La seule manière d'arrêter l'escalade est de prendre de la distance. Les passages à l'acte sont souvent le fait d'un trop grand rapprochement. Bien sûr, plus l'adolescent a conservé, de son enfance, des souvenirs violents, des scènes d'excitation, des parents se tapant dessus, un aîné battu, plus la représentation de ces scènes accroît l'énervement. Il faut à ce moment-là encore plus de distance pour éviter débordements et violence.

Très objectivement, je ne constate pas beaucoup plus de violence en famille qu'il y a dix ans. Mais il est important de noter une exception tout de même : un nombre croissant de parents se font taper par leurs adolescents. Et ces scènes de violence se ressemblent toujours. Premier cas de figure : une mère se fait battre par un mari alcoolique et violent, l'adolescent s'interpose et un coup de couteau part. Deuxième cas tout aussi fréquent : un jeune schizophrène qui vit dans un climat violent, qui a souvent été humilié, tout d'un coup déborde. Il ne faut pas confondre ces débordements de violence avec le fait que des adolescents ne supportent plus leur famille comme avant. Depuis que les enfants ont pris la parole, on les habitue et on les exhorte à dire ce qu'ils pensent, y compris quand ils ne sont pas contents. Davantage d'adolescents s'expriment, il ne faut donc pas s'en étonner et se faire piéger par le discours ambiant. Avant ils se taisaient, à présent ils parlent, mais ils ne sont pas plus nombreux à être violents pour autant ! Nous sommes simplement passés d'un extrême à l'autre. Le monde médiatique a trop souvent tendance à prendre les gens au pied de la lettre et s'en tenir à la réalité émotionnelle. Que les adolescents d'aujourd'hui expriment davantage leur mécontentement et leur mal-être ne devrait pas nous surprendre ; on a facilité socialement ce comportement, on récolte donc là ce que l'on a semé. Il est vrai que je vois moins de jeunes très inhibés, coincés, et plus d'adolescents agressifs verbalement. Mais il faut relativiser et éviter les discours excessifs. L'adolescent répète la même demande depuis sa petite enfance, obtenir une réponse et surtout une satisfaction immédiate. Le problème est qu'il n'existe plus, à ce moment de l'adolescence, de solution immédiate qui le satisfasse. La seule qui s'impose est alors la consommation, celle de produits, ou du passage à l'acte, conduire une mobylette à toute allure par exemple. C'est la violence de notre société qui apparaît là, l'ordre de satisfaire le besoin dans l'instant.

C'est pour moi la plus grande des violences que l'on fait d'abord à l'enfant, ensuite à l'adolescent. Ce dernier va de plus en plus recourir à des systèmes instantanés de traitement de son mal-être : scarifications, consommation de drogues, passages à l'acte suicidaires, crises de boulimie ou violence sur les autres. Avec une seule idée : faire cesser immédiatement le mal-être, tout simplement. Depuis l'enfance, dès qu'il a envie de quelque chose, une paire de baskets ou un gâteau, l'enfant l'obtient. Moins l'enfant a eu de contenants éducatifs pendant l'enfance, plus cette exigence va être grande à l'adolescence. Aujourd'hui, cette violence-là, ce « manque de berges », prend une importance sans précédent.

Comment alors repérer un adolescent violent ou sujet à un débordement ? Il y a, je crois, deux types d'observation : la pathologie immédiate et les troubles de la personnalité existant depuis la petite enfance.

D'abord, la pathologie immédiate. Prenons par exemple la dépression et l'irritabilité. Le premier critère correspond au constat immédiat : « Avant il n'était pas comme cela, d'un seul coup on ne peut plus rien lui dire, il s'énerve pour un rien. » D'autres symptômes apparaissent, comme la difficulté à s'endormir, la tristesse, une sociabilité amoindrie. L'adolescent ne s'enferme pas simplement dans sa chambre, mais il ne veut plus parler à ses parents, il veut moins voir ses copains, il fléchit à l'école. C'est finalement cette conjonction d'éléments qui indique que l'adolescent est dans un état de souffrance et qu'il a du mal à se contenir, c'est elle qui annonce une explosion peut-être proche.

Deuxième type d'observation : l'enfant qui a toujours été dans le besoin d'une satisfaction immédiate, un peu tyran, pour qui le plus important est de demander quelque chose. Dès qu'il l'obtient, il demande autre chose, l'objectif étant de prouver, non pas qu'il peut l'obtenir, mais qu'il peut faire plier l'autre ; l'essentiel est pour lui d'avoir une emprise par une demande constante et incessante. Ce phénomène ne fait en général qu'empirer à l'adolescence. Quand un adolescent n'a jamais assez d'argent, qu'il lui en faut toujours plus, quand ses exigences personnelles l'emportent sur toute contrainte extérieure et qu'il en vient par exemple à voler cet argent, il faut alors consulter parce que le danger est bien présent. Quand il n'est pas content et menace physiquement ses parents, que ceux-ci commencent à avoir peur de lui parce qu'il est plus grand et plus fort qu'eux, là il faudrait, dans l'idéal, ne plus vivre ensemble au quotidien. Un tiers doit s'imposer, ou une prise de distance réciproque. Il est vraiment nécessaire de consulter et d'envisager des aménagements de vie au moins temporairement. On ne peut pas vivre sous le même toit en ressentant une crainte permanente.

Il ne faut jamais oublier que la famille est un lieu de violence par excellence, elle est le lieu des plus grands amours et des plus grandes violences. Celui dont on devrait se méfier le plus, c'est son conjoint, son proche : les meurtres sont souvent commis par les proches ! Cela signifie quelque chose de fondamental, c'est que l'émotionalité menace toujours de déborder. Il ne faut pas s'étonner que la famille soit le lieu de débordements à la fois d'amour et de violence puisque par définition, c'est l'émotionalité qui préside aux relations qui s'y nouent.

Qu'est-ce qui peut donc retenir ces débordements ? Au risque de passer pour un « ringard » et un archaïque, je le répète, je crois que ce sont les contenants d'autorité et pas seulement la peur du gendarme, mais aussi la construction intérieure de systèmes de tolérance à la frustration et à la limite. C'est le seul garde fou. Dans les deux sens. Un parent ne doit pas non plus taper son enfant pour un oui ou pour un non, autre signe d'un débordement d'émotionalité.

Les parents doivent savoir qu'il y a deux ou trois « trucs » que l'adolescent ne supporte pas et qui déclenche sa violence en famille. Par exemple, les bruits du corps. Un père qui mange sa soupe bruyamment, dans une sorte de jouissance émotionnelle, lui est insupportable. Les manifestations de tendresse entre les deux conjoints l'excitent et l'énervent également. Il ne supporte pas bien non plus la nudité des corps des parents, qui renvoie à quelque chose d'intrusif dans son imaginaire. Un père qui prend sa douche la porte ouverte, en chantant, face à la chambre de sa fille, exerce une forme de violence sur celle-ci. Elle est à la fois attirée et en même temps elle ne veut pas voir ! La pire des violences est celle dont les parents n'ont pas conscience ou qu'ils imposent à leur adolescent. Le malaise s'installe d'ailleurs très jeune à 10-11 ans, l'âge de la pudeur, du mal-être avec le corps. Les manifestations du corps des parents peuvent aussi représenter une intrusion et une dangerosité pour l'adolescent s'ils ne s'en rendent pas compte ! Bien évidemment, ce que l'adolescent ne supporte pas non plus, ce sont les moqueries et les humiliations, en particulier celles qui concernent son corps, les changements de celui-ci sur lesquels les parents insistent comme si cela menaçait la continuité de l'existence : « Tu aimais les bananes et maintenant tu ne les aimes plus ! » Eh bien oui, ils ont besoin de ne plus aimer les bananes pour montrer qu'ils ne sont plus des petits enfants, et on les énerve en le leur faisant remarquer !

Cette relation d'excitation entre parents et adolescents est d'autant plus importante que les parents peuvent traverser difficilement cette période de la vie où la relation entre conjoints est moins proche. Les couples ont pris de la distance vers 45-50 ans, et en même temps, ils retrouvent avec leur adolescent du peps, de la flamboyance, surtout quand cet adolescent leur ressemble quand ils étaient jeunes. Il faut savoir que tout ce potentiel d'excitation à fleur de peau peut faire violence aux deux !

Une autre raison entre en ligne de compte. Les changements organiques, hormonaux, chez les adolescents favorisent ces débordements de violence. Avec une frontière parfois compliquée à établir entre filles et garçons. Plusieurs études ont montré qu'il n'y avait pas de relation directement proportionnelle entre le taux de testostérone et la fréquence de l'agression et de la violence, le taux de testostérone étant variable d'un garçon à un autre bien sûr. En revanche, il existe une relation évidente entre le taux de testostérone et les antécédents de violence : plus l'adolescent a été élevé dans un climat de violence, plus l'exposition à la testostérone favorise l'expression de sa violence. S'il n'a pas connu d'exemples de violence, même un taux très élevé de testostérone ne le rendra pas violent, ce qui signifie aussi qu'il aura probablement bénéficié de contenants d'autorité et d'éducation corrects.

Face à la violence d'un adolescent, les parents doivent-ils privilégier le dialogue, le silence ou l'autorité ? Sur l'instant, je suis partisan d'une seule solution : baisser d'un ton, reculer d'un pas et dire : « On est en train de s'énerver, on se calme, on part chacun de son côté et on reprendra la conversation plus tard », à condition effectivement de la reprendre le soir ou deux jours après. Il ne faut pas que ce soient des paroles en l'air. C'est parfois difficile à mettre en place, surtout lorsque deux personnes seulement sont en présence, l'adolescent et un seul parent, qu'il n'y a pas de tiers pour calmer le jeu et intervenir doucement. C'est le cas dans une famille monoparentale, mais aussi dans une famille biparentale lorsque les parents ne sont pas d'accord ou s'invectivent ! Les parents qui sont seuls peuvent aussi dire : « Écoute, je te propose d'en parler demain avec ton parrain ou avec ton oncle, ou ton grand-père. » Dans l'esprit des deux, il existe alors un tiers avec lequel l'on pourra régler le problème. La présence d'un tiers est une nécessité dès l'enfance, et encore plus à l'adolescence !

La violence à l'école

En ce qui concerne la violence scolaire, on entend souvent : « Avant nous assistions à des bagarres, aujourd'hui c'est une véritable explosion de violence. » D'abord, je pense qu'il faut distinguer la violence qui est de l'ordre de la pulsionalité et la bagarre qui appartient plutôt au jeu. La question qui se pose actuellement est celle-ci : que tolère-t-on, quel niveau d'agressivité accepte-t-on pour permettre une certaine évacuation ? Or nous ne tolérons plus aucun niveau d'agressivité dans la société. D'emblée, nous parlons de violence, ce qui est paradoxal. Chacun est en effet libre de faire tout ce qu'il veut et en même temps, il existe une quasi-interdiction de toucher l'autre, voire bientôt de le regarder dans les yeux… Les Américains ont déjà inventé le harcèlement visuel ! Tout est dénoncé comme violence, alors qu'on met tout en place pour que les conditions du débordement soient réunies et fréquentes.

Dans les cours de récréation, il y a toujours eu des bagarres, le règlement des problèmes par la force et les poings a toujours existé. L'injustice venait des systèmes claniques que les petits mâles pouvaient créer grâce à leur force physique. Maintenant avec l'égalité des sexes, un garçon ne doit plus contraindre autoritairement une femme à 8 ans, à 15 ans comme à 30 ans.

Ce n'est pas par hasard que le collège est le lieu où l'on constate le plus de débordements : les adolescents sont alors à l'âge où il faut discipliner sa pulsionalité et son émotionalité, qui ne sont parfois pas canalisés par les contenants éducatifs de l'enfance. C'est le lieu de rassemblement des pubères, entre 12 et 15 ans, qui « transpirent » l'hormone ; c'est donc un chaudron bouillonnant prêt à exploser. Nous demandons aux professeurs d'imposer des cadres que la société a presque tout fait pour ne pas mettre en place et que les parents n'ont parfois pas donné. Il ne faut pas s'étonner que l'éruption des pulsions à l'école soit moins bien contenue aujourd'hui qu'auparavant, et nous laisse penser que les adolescents sont plus violents.

Il est vrai aussi qu'actuellement des adolescents de plus en plus jeunes commettent des agressions avec des objets contondants ou de nature sexuelle. Je l'expliquerais de deux manières : d'abord ces adolescents n'ont pas eu l'occasion de se bagarrer de manière rituelle, de faire des matchs de boxe, d'être intégrés dans des mouvements, des codes initiatiques de toutes sortes qui n'existent presque plus aujourd'hui. Et puis le monde ambiant leur offre un apprentissage constant de la violence, notamment à travers la pornographie ou les films violents. Certains jeunes sont finalement saturés par cette débauche de violences et, en l'absence de tout contenant éducatif, ils vivent l'irruption de leur besoin comme intolérable. Il faut alors obtenir de l'autre ce que l'on doit obtenir et que l'on a toujours obtenu de cette manière. À ces éléments, s'en ajoute un autre : plus ces jeunes sont issus de milieux peu favorisés, un peu frustes, moins ils possèdent de richesses culturelles, morales ou même matérielles. Il ne leur reste plus finalement que leurs « droits d'individus » : « J'y ai droit ! », entend-t-on sans cesse. Je constate souvent que plus les jeunes sont issus de milieux défavorisés, plus ils ont entendu cette revendication chez eux et plus, une fois adolescents, ils ont envie eux aussi « d'y avoir droit ». Les plus perdus ne voient pas pourquoi ils ne violeraient pas la fille qui est là à portée de main ou ne pilleraient pas le porte-monnaie de la voisine à l'aide d'un couteau !

Dans ce contexte, d'autres adolescents sont eux les victimes idéales de ces violences, du racket ou d'autres formes de harcèlement. Ce sont en général des enfants doux, très proches des parents, parfois un peu soumis et qui ont peur de la violence, de se faire gronder. Des enfants un peu naïfs, qui, à l'adolescence, croient que les plus grands et les adultes ont toujours raison. Pour peu que leurs parents, vers 13 ans, les habillent en culotte courte et chemisette comme un enfant, tous les éléments sont réunis pour en faire la victime idéale. De plus, ces adolescents sont souvent bons élèves, écoutent les professeurs, ce qui insupporte les autres. Et quand une bande d'adolescents en désignent un, ils ne se conduisent pas comme des anges. Ils peuvent même être extraordinairement féroces, et le terroriser. Les parents doivent être très vigilants, aider leur adolescent, l'inviter à parler s'il rencontre des soucis de cet ordre.

Une autre idée reçue est également à dénoncer : les adolescents ne sont pas si ouverts, notamment au mélange d'identités. Ils sont plutôt à la recherche de la leur, en quête d'un statut identitaire. Ils se retrouvent donc par petits groupes, les cinq ou six Maghrébins, les cinq ou six Noirs, ou Asiatiques. C'est davantage au lycée qu'on constate l'ouverture à l'autre, pas au collège. Au lycée, chacun s'intéresse à l'autre dans sa particularité, essaye de montrer sa propre originalité. Au collège, les adolescents au contraire ont besoin d'être tous rassemblés face à celui qui n'est pas comme les autres, particulièrement celui qui est un peu trop mature et qui est alors vraiment mal supporté. C'est la dimension clanique qui règne. Au lycée, c'est la dimension de la personnalité. Ce sont deux dynamiques très différentes. Je ne dis pas qu'on ne doit pas favoriser cette diversité culturelle au collège, mais elle est difficile. Il ne faut pas céder pour autant, parce que cette mixité sera au lycée le creuset de l'intérêt pour les différences. Cette mixité qui est presque toujours vécue comme contre-nature par les adolescents jeunes pubères, est en même temps une violence nécessaire qu'il faut leur imposer pour plus tard. Respecter le point de vue de l'autre, c'est presque une idéologie, c'est l'idée que la culture doit l'emporter sur l'instinct.

Bien des causes peuvent rendre violent un adolescent en classe, alors qu'il est a priori venu pour apprendre, s'ouvrir et se socialiser. La première chose que l'adolescent peut ne pas supporter, c'est la passivité, l'attente. L'attente physique tout d'abord : être assis sur une chaise. L'attente psychique ensuite : entre l'énoncé d'un problème et sa résolution, ce temps d'attente le renvoie à un flottement, à une incertitude parfois très angoissante. Devoir affronter le fait de ne pas savoir avant de savoir le ramène à des menaces d'incomplétude également. Certains adolescents n'acceptent d'apprendre que d'eux-mêmes et pas de l'autre pour cette raison. Autre élément important bien sûr, le besoin de prestance face aux autres. Plus l'adolescent a des doutes, plus il a besoin de s'affirmer, de répondre à cette excitation amplifiée que lui renvoient les autres. L'adolescent violent est poussé à l'être par le groupe, qui le nargue : « Alors t'as peur ! » Les professeurs de leur côté cherchent à le contraindre ; l'énervement se renforce et peut mener très loin. L'enchaînement est fatal s'il existe en plus des antécédents de violence familiale. Plus la violence est subie, notamment comme un mode de langage et de résolution des problèmes au sein de la famille, plus cela risque de se reproduire à l'école. Enfin, je mentionnerais aussi le sadisme, le rôle humiliant de certains professeurs qui en rajoutent. Quand un jeune déborde à l'école, c'est généralement en raison du cumul de ces différents éléments.

Violence et société

Ce que l'on appelle la violence sociétale est, elle, encore plus complexe. Lorsque par exemple on entend que des jeunes ont profané les tombes d'un cimetière juif, on peut s'interroger légitimement sur les raisons d'un tel acte et sur ce qu'il dit de notre société. Ma position se situe là entre celle du psychiatre et celle du citoyen.

S'il s'agit de préadolescents de 10-11 ans, mon expérience professionnelle m'a appris que, lorsque à cet âge on fait ce genre de « bêtise », c'est la plupart du temps que l'on a été entraîné, souvent par des plus âgés que soi, et parce que les parents ont laissé traîner les plus jeunes avec des plus âgés de 15-16 ans, ce qui est un facteur de risque. Cela témoigne évidemment de carences éducatives, et peut-être, dans ce cas précis de profanation, d'un milieu où il règne un certain racisme. Il faut dire et répéter que les adultes proches et particulièrement les parents sont des modèles identificatoires extrêmement puissants pour les enfants et les adolescents. La responsabilité éducative nécessite vraiment de prendre conscience que nous sommes, en tant que parents, toujours imités. Sous prétexte de ne pas les culpabiliser, la tendance actuelle voudrait abstraire les parents de toute influence sur les pensées de leur adolescent. Non. Ma position de pédopsychiatre, c'est de voir si certains faits vont se confirmer ou pas.

En tant que citoyen, je me pose aussi la question du traitement médiatique de ce genre d'affaire. Je suis personnellement convaincu que ces adolescents dans la plupart des cas ne sont pas des monstres. Je pense qu'ils ont fait cela, sans en comprendre la valeur symbolique mais en sachant tout de même qu'ils allaient être les vedettes des médias, ce qui est très excitant : « Je ne sais pas bien ce que je fais, mais si je le fais je vais être le héros de l'histoire ! » J'ai en effet parfois le sentiment que l'on met le feu à une botte de paille. Je trouverais très intéressant, qu'une fois par an, à l'occasion de la sortie des chiffres, les médias réfléchissent sérieusement six ou huit mois après sur ce qui s'est passé plutôt que de toujours réagir à chaud. Il est normal qu'on parle d'un événement au grand public, mais l'excitation flamboyante du dévoilement instantané me paraît précisément participer de cette violence immédiate. Cette réactivité instantanée est pour moi la pire des violences. Elle contamine tous les enfants, les adolescents et les adultes. Je suis pour l'information, mais surtout pour la distance et l'analyse des chiffres, beaucoup plus pertinentes que cette saturation actuelle. Car même moi, en tant que psychiatre et citoyen, cette information flamboyante me fait violence et m'empêche de penser.

On dit parfois que les grandes villes sont devenues des jungles et on se demande si un adolescent a la capacité de vivre dans un univers de ce type. Je crois que les adolescents s'ennuient moins là que dans une petite ville de province. Si la province est supposée moins connaître de violences, il ne faut pas oublier les abus sexuels ou les violences intrafamiliales. C'est moins visible, plus caché, mais il y en a autant. La ville, elle, est un lieu d'expression constante de la contrainte de soi. Puisque l'autre est plus proche qu'à la campagne, à la fois les sollicitations, l'excitation et la nécessité de se contraindre sont plus grandes. Je ne suis pas convaincu que les villes, rapportées au nombre d'habitants et d'individus, en prenant en compte aussi bien la violence externalisée que la violence sur soi ou intrafamiliale et les paramètres économiques et sociaux, soient plus violentes que les campagnes. Il est vrai qu'à la campagne, si vous chapardez six prunes et trois noix, vous n'allez pas nécessairement vous faire traiter de délinquant. En ville, vous devenez un voleur pour le même forfait. Je ne dis pas que les adolescents ont raison de le commettre, je dis que tout est relatif et qu'il nous faut être mesurés dans nos discours.

Il en va de même sur les nouvelles technologies, qui, mal maîtrisées, rendraient les adolescents plus nerveux, voire plus violents. Téléphone portable, jeux vidéo, Internet… Pourquoi les adolescents sont-ils si fascinés par toutes ces technologies modernes, et spécialement par les jeux vidéo ? Je crois que c'est parce que ces jeux vont aussi vite, sinon plus vite que l'excitation neurocérébrale. Certains jeux aujourd'hui sont quasiment plus rapides que notre cerveau. Ils deviennent donc les supports de l'excitation des adolescents, parfois de façon bénéfique et utile, en les stimulant. Ce qui leur fait défaut en revanche, c'est sans doute la part d'imaginaire. La décharge motrice et pulsionnelle que ces jeux proposent éloigne indéniablement de toute construction imaginaire et de toute pensée. Mais l'élément important et positif dans l'usage de ces jeux vidéo, c'est tout de même l'apprentissage de la technique. Les adolescents manient toutes ces technologies à toute allure, fébrilement, et une part de cette aptitude sera utilisée pour savoir taper sur un clavier, circuler sur Internet et même dans le monde. Je ne cesse de dire aux parents qui refusent que leur adolescent surfe sur Internet que cela revient à lui interdire de circuler dans la ville ! Ce n'est pas sans risques évidemment ; c'est le rôle des parents d'être vigilants sur le type de jeu ou le temps passé, mais aussi de ne pas en faire des handicapés sociaux !

Le plus grave est ailleurs. Ces technologies permettent de vivre ce que j'appelle des communications solipsistes, c'est-à-dire des communications presque exclusivement avec soi-même, où l'autre n'est pas présent physiquement et où l'on se débranche quand on en a assez : « J'en ai assez, je coupe. » C'est très exactement un pseudo-engagement relationnel en même temps qu'un total non-engagement. L'adolescent a l'impression à la fois d'être en contact avec le monde entier et en même temps, cette relation n'a aucune profondeur puisqu'il peut « couper » à tout moment. C'est aussi une métaphore de ce que les adolescents font plus généralement quand ils ne se supportent pas et qu'ils se coupent ! Et ils se coupent précisément quand ils sont engagés dans une relation dont ils n'arrivent pas à se dégager ou qu'ils n'arrivent pas à mentaliser. Couper et se couper devient l'acte fondateur de l'individu branché, c'est là la pire des violences et c'est nouveau. Dans ce contexte, bien entendu, la pression de la vitesse, de la performance et de la nouveauté participe de cette excitation. Elle peut être bonne s'il y a des contenants internes. Sinon elle peut parfois dégénérer en violence.

Quelle éducation ?

La société doit-elle être davantage répressive et protéger le groupe face à la violence de l'individu ? Je pense qu'elle doit l'être face aux actes d'agression, sur autrui ou sur soi, et signifier ainsi que personne n'est le seul propriétaire de son corps. Mais j'incrimine l'individualisme social. On ne peut pas dire aux adolescents : « Vous êtes le maître de votre corps », et d'un seul coup leur interdire de se faire du mal ou même de se suicider. Notre société doit énoncer des interdits très stricts mais tolérer aussi certaines formes d'expression de violence, en les ritualisant. Ce serait méconnaître quelque chose de la pulsionalité que de vouloir interdire toute forme d'expression de violence. Un combat de boxe est violent mais pas agressif ! Parce qu'il est ritualisé. La violence s'exprime, mais sous l'œil d'un arbitre et n'est pas alors de l'agression. C'est de cette façon d'ailleurs que les parents peuvent protéger leurs enfants. On peut aimer ou ne pas aimer ces sports, ces manifestations où s'exprime de la violence, mais au moins elles sont ritualisées.

Les parents peuvent-ils finalement protéger leurs enfants de toutes ces violences dont ils sont à la fois victimes et auteurs aujourd'hui ? Toute la question tient au sens de ce mot « protéger ». Si l'éducation consistait à faire en sorte que les enfants ne soient jamais exposés ou confrontés à aucune forme de violence, elle serait alors la pire des formes de violence ! L'éducation consiste à ne pas exposer l'enfant et ensuite l'adolescent à une violence gratuite. L'éducation consiste à permettre de temps en temps des expressions de violence et faire en sorte que des mots puissent être posés qui donnent sens à ces expressions pulsionnelles. Qu'à chaque fois qu'il y a débordement, il y ait la possibilité d'une réparation. Si on donne la possibilité de réparation, la violence peu à peu s'atténue. L'éducation, c'est cela : prendre en compte la dimension violente de tout être humain et lui permettre de réparer quand, par hasard, il y a eu débordement.

5

Les Drogues
Dès qu'une conduite isole ou enferme l'adolescent, il faut consulter

Marc VALLEUR

Dans une société de plaisirs, les possibilités de dépendances multiples sont accrues. Cannabis, cocaïne, héroïne... mais aussi – et c'est nouveau – jeux vidéo, Internet, téléphone portable, jeux d'argent, etc. sont autant de drogues auxquelles les ados sont très sensibles et vulnérables. Un seul conseil s'impose : une vigilance constante des parents.

Différentes drogues

Définir ce que l'on entend par drogue n'est pas simple, mais tout à fait important car c'est souvent là que commencent les malentendus entre parents et enfants. En fait, il n'existe pas de définition scientifique, chimique, qui isolerait des substances intrinsèquement mauvaises parce que générant une dépendance. Et pourtant, c'est bien le sens du mot « drogue », « quelque chose de nuisible, qui entraîne une toxicomanie et une dépendance ». En fait, toutes les substances psychoactives, c'est-à-dire qui modifient le psychisme, sont susceptibles de donner lieu à des troubles et de rendre dépendants. Nous sommes donc dans un monde où nous trouvons – classées ainsi par l'histoire et la culture – des drogues totalement interdites, vécues comme très dangereuses, l'héroïne, la cocaïne, par exemple et des drogues tout à fait licites et vendues commercialement, comme l'alcool ou le tabac. Entre les deux, on va trouver les drogues qui sont des médicaments parce que leur circulation est réglementée par la prescription médicale et la surveillance des pharmaciens.

À quels types de drogues sont confrontés les adolescents ? À toutes ces catégories bien sûr…

En ce qui concerne les drogues illicites, le phénomène de mode joue beaucoup. On trouve sur le devant de la scène tantôt un type de drogue, tantôt un autre. Les excitants ont ainsi fait un retour, notamment dans les fêtes : l'exemple de l'ecstasy est frappant depuis une dizaine d'années. Mais les grands types de drogues existent depuis la nuit des temps. Une des meilleures classifications a été faite par le pharmacologue berlinois Ludwig Lewin en 1924. Il distinguait :

– les « *Phantastica* », drogues qui procurent des sentiments étranges, de voyage, et qui correspondent en gros aux hallucinogènes, au cannabis mais aussi aux champignons ou au LSD ;

– les enivrants (« *Inebriantia* »), l'alcool, mais aussi les colles, les solvants, l'éther, qui procurent une ivresse et font sombrer dans l'inconscience plus ou moins rapidement ;

– les « *Hypnotica* », c'est-à-dire les drogues qui font dormir

LES DROGUES

– mais on sait bien que les somnifères sont aussi des produits qui peuvent provoquer des ivresses paradoxales et sont utilisés par les toxicomanes ;

– les excitants (« *Excitantia* »), produits qui réveillent, enlèvent la sensation de sommeil, stimulent, comme la cocaïne, les amphétamines et l'ecstasy ;

– et enfin les « *Euphorica* », qui procurent du bien-être, anesthésient, comme l'opium, la morphine, l'héroïne, qui sont des produits d'oubli.

La plupart des drogues, même les drogues de synthèse produites par des laboratoires, sont connues depuis longtemps : la morphine par exemple depuis le début du XXe siècle ; l'ecstasy, un dérivé d'amphétamines, depuis plusieurs décennies. Mais ces drogues qui circulent de façon illicite sont très souvent « coupées » et un dispositif de surveillance est impératif pour savoir à un moment donné ce que l'on appelle « ecstasy », parce que la substance d'origine peut être mélangée à des médicaments et à des produits de coupe qui sont variables selon l'état du trafic. Le problème se pose également pour le cannabis : c'est une plante qui pousse partout, le chanvre indien, il est consommé en résine ou en feuilles séchées selon qu'il s'agit de haschich ou d'herbe, mais il est très variable selon la concentration en principes actifs. Il existe donc des cannabis très différents, certains sous forme très légère d'herbe, d'autres sous forme de résine très concentrée issue de plantes très riches en principes actifs qui vont avoir un effet proche des hallucinogènes. On constate aujourd'hui de nouvelles formes de coupage sur le marché mais pas de révolution pharmacologique à proprement parler. Faute d'un dispositif de recueil et d'analyse, il n'est pas facile de savoir s'il est vrai que le cannabis actuel est vraiment plus fort que dans les années 1970…

Par contre, il faut citer un produit inquiétant d'usage relativement récent, le GHB, Gamma OH du professeur Henri Laborit qui, bien qu'inodore, est un anesthésique puissant pouvant être utilisé comme « drogue du viol ». Il est assez facile de se le procurer car le marché clandestin est approvisionné régulièrement, et il se commande sur Internet. C'est un vrai problème aujourd'hui.

On voit bien à quel point il est difficile de donner une définition précise, et de différencier des drogues douces et des drogues dures. On pourrait dire que les drogues dures sont les drogues totalement interdites, qui n'ont pas d'usage médicamenteux et qui entraînent des formes de dépendance parfaitement visibles. C'est le cas de l'héroïne ou de la cocaïne. Il n'y a même pas en France d'usage médicamenteux de l'héroïne dans des cas lourds de toxicomanie, comme c'est le cas dans certains pays, et pas davantage d'usage thérapeutique de la cocaïne, ces deux drogues entraînant des dépendances tout à fait reconnaissables et graves. Mais la frontière est floue : on peut toutefois se livrer parfois à des expérimentations avec ces drogues-là sans automatiquement sombrer dans la dépendance, et on peut aussi constater avec ce qu'on appellerait des drogues douces – le cannabis, mais particulièrement des médicaments comme les tranquillisants – des formes de dépendance tout à fait majeures. Il est très difficile par exemple de dire si l'alcool est une drogue douce ou dure. Nous savons bien que, pour certaines personnes, l'usage en est contrôlé alors que pour d'autres, il devient une drogue extrêmement dure.

La « drogue » n'est donc pas une donnée naturelle, mais le résultat d'une interaction entre une substance, une société avec sa culture, et un sujet...

Différents usages

Je sais bien que l'inquiétude majeure des parents est de savoir quand et comment leurs enfants peuvent passer de l'usage de drogues douces à celui de drogues dures, mais là encore les théories de l'escalade ne sont pas validées scientifiquement. Il n'y a pas de fatalité ou d'automatisme à passer d'un produit à un autre ou à augmenter sa consommation. On peut même plutôt penser que l'on glisse d'un type d'usage contrôlé à un type d'usage non contrôlé en fonction des événements de vie. L'adolescence est à cet égard un moment particulièrement sensible pour toutes les dépendances. On voit bien chez les adultes que certaines personnes qui font un usage d'alcool contrôlé, modéré et mesuré, peuvent basculer dans l'excès et l'alcoolisme, dans la dépendance, parce qu'ils traversent une période particulièrement difficile, maladie, rupture, chômage, donc des moments de vulnérabilité. Et on sait que l'adolescence est en soi une période critique. Selon la façon dont elle sera vécue, le fait d'être en contact avec des substances peut faire basculer dans un usage excessif ou dans la dépendance.

Il faut aussi tenir compte du fait que les drogues peuvent s'attirer entre elles. Dès que quelqu'un cherche à modifier ses états de conscience, que ce soit pour des raisons festives ou des raisons plus inquiétantes d'anesthésie, de fuite ou de recherche de plaisir compulsif, il va être tenté d'utiliser tous les produits qui peuvent se trouver autour de lui. Café, tabac, cannabis, alcool peuvent s'attirer et s'ajouter. Aujourd'hui, on parle de « polytoxicomanie » mais le mot même de toxicomanie, au début du XXe siècle, voulait déjà dire « usage de plusieurs substances ». On trouvait des morphinomanes, cocaïnomanes, dipsomanes (qui boivent beaucoup) et comme on ne pouvait pas associer tous ces mots, on disait « toxicomanes » ! « Toxique » signifiant « poison », le mot « toxicomanie » désignait des gens qui avaient de l'appétence pour tous les poisons. Et les toxicomanes utilisent un peu tout à la fois pour obtenir le plus d'effets possibles et aussi parfois pour moduler ces effets. Ils vont prendre des excitants pour combattre l'effet endormant des opiacés ou ils vont prendre des opiacés pour combattre l'effet trop excitant de la cocaïne, etc.

L'adolescence : période « à risque »

Une autre question a été posée ces dernières années : existe-t-il des demandes particulières du cerveau envers ces substances au moment des transformations hormonales de l'adolescence ? Je ne crois pas que l'on puisse isoler le cerveau du vécu, de la psychologie, de la sociologie et de la culture. Les adolescents ressentent un besoin important de découvertes, découvertes de sensations mais aussi envie de traverser des épreuves, de vivre des expériences jusque-là inconnues. Les drogues font partie de ce type d'expériences recherchées. C'est plutôt une curiosité globale, une quête de nouveauté, d'aventures, et un besoin de traverser une épreuve comme on voudrait traverser un rite d'initiation. On ne peut pas réduire ces demandes à la neurophysiologie.

Il est plus juste de se demander pourquoi un adolescent concrètement commence à consommer des drogues et quelles sont les conditions et les raisons qui l'y poussent. Je dirais qu'il faut distinguer les expériences nouvelles, et l'engagement dans l'excès et la dépendance. Dans toute prise de drogue, il y a des motivations positives et des motivations négatives. Les raisons positives, ce sont donc la recherche de sensations, de plaisir, de jouissance, de maîtrise de son corps, de ses transformations corporelles et de ses émois. L'envie de vivre des aventures inconnues, et dans une certaine mesure la recherche du risque. Il y a chez les adolescents une part de ce besoin de risque qu'il faut savoir canaliser, supporter, mais qui est toujours difficile à accepter pour les parents. Ils ne savent jamais en effet jusqu'où ils peuvent laisser leurs enfants prendre des risques et faire leurs expériences, que ce soit pour la conduite d'un véhicule, la découverte de leur sexualité ou les différentes autres modalités de prise active de risques. La recherche de ces risques peut conduire à la prise de drogues, de même que la recherche d'initiation peut passer par le partage de drogues avec ses pairs. Parmi les raisons négatives les plus fréquentes, on note souvent la fuite d'un milieu trop conflictuel, d'une relation à l'autre trop menaçante, ou encore le désir de s'isoler dans une bulle. Toutes ces raisons conduisent parfois vers la toxicomanie, mais aussi vers d'autres addictions.

On peut se demander aussi si le monde d'aujourd'hui, qui inquiète légitimement certains adolescents, génère de nouvelles raisons de prendre des drogues. Un regard en arrière s'impose. De grandes évolutions sociologiques sont effectivement perceptibles à travers les modalités d'usage des drogues et de l'entrée dans la toxicomanie. On sait que dans les années 1970 par exemple, on avait affaire à des toxicomanies « anomiques », c'est-à-dire liées à des manques de repères, dans une société qui allait pourtant globalement bien, du moins au niveau économique. On assistait davantage à une recherche de spiritualité, de valeurs, inscrite dans le mouvement hippie, l'usage des drogues faisait alors partie d'une sorte de quête globale. Cette dimension est toujours présente aujourd'hui, mais on voit aussi des toxicomanies de « fatalisme », au sens où Émile Durkheim l'entendait, c'est-à-dire des jeunes qui pensent que la société est bouchée, que de toute manière ils n'y arriveront pas. Dans certains milieux, le fait que les parents peuvent ne pas être vécus comme des modèles attractifs pour différentes raisons, comme le chômage, n'aide pas les adolescents à se construire positivement. Les dealers, voire les proxénètes, peuvent alors devenir des modèles alternatifs et favoriser des trajectoires déviantes, c'est un thème utilisé par certains rappeurs. On voit alors des jeunes entrer dans le monde de la drogue par le biais du trafic, avec l'idée qu'il peut être une alternative économique. C'est un des problèmes actuels majeurs liés au cannabis : si pour un jeune s'inscrire dans un trafic de cannabis devient une alternative intéressante à d'autres formes de socialisation, c'est très inquiétant, bien plus que le fait que le cannabis aurait changé, serait devenu plus fort...

Plaisir, performance, ou fuite ?

Il ne faut pourtant pas que les parents éludent une vraie question. Quels sont les effets agréables induits par l'usage de certaines drogues pour leurs adolescents ? Soyons clairs, toutes les drogues procurent des formes de plaisir différentes. On sait que la jouissance, le plaisir, au niveau cérébral, est lié à la libération d'endorphines. On a maintenant des preuves neurobiologiques de la réalité du plaisir induit par les opiacés. Si nos plaisirs les plus extrêmes sont liés à la libération d'opiacés dans le cerveau, on comprend bien que tous les opiacés vont procurer une sorte de plaisir. La morphine ou l'héroïne procurent un plaisir qui ressemble à un orgasme que l'on s'injecterait. Et avant l'orgasme ou la jouissance il y a aussi des plaisirs « appétitifs », et là aussi des substances vont procurer ce type de plaisir, donner envie de prendre du plaisir. Ce sont les substances de type cocaïne, où là aussi nous avons des preuves que le substrat neurobiologique de ces substances est du même ordre que le désir, ou le plaisir appétitif au niveau cérébral. Là, ce ne sont plus les endorphines mais les circuits de la dopamine qui entrent en jeu, ceux qui donnent envie d'aller vers des sources de plaisirs, qui peuvent être variées. Avec les opiacés, le plaisir est soit très physique, comme un « flash », un plaisir orgasmique, une jouissance précédant un sentiment de grand isolement avec l'extérieur et une analgésie totale. Plus de douleur, plus de souffrance, l'impression de flotter, de ne plus sentir son corps. Avec les excitants, la cocaïne par exemple, c'est un plaisir tout à fait différent, l'impression d'être extrêmement lucide, puissant, fort, et l'envie de faire des choses pour prendre du plaisir par soi-même. C'est pour cette raison que les excitants sont souvent présentés comme des aphrodisiaques.

Le contexte actuel, de performance, d'efficacité, de vitesse, toutes ces différentes pressions sociales qui environnent les adolescents, augmentent effectivement la palette des usages de drogues et des entrées dans la dépendance. La cocaïne par exemple est un dopant formidable, on sait bien qu'un des premiers cas de mort par dopage dans le sport est celui d'un cycliste qui avait pris des amphétamines, donc des excitants qui suppriment la sensation de fatigue. De même la cocaïne, dans certains milieux, est vécue comme une drogue de luxe, à la fois parce qu'elle permet de faire la fête et aussi parce qu'elle rend très performant sur un temps bref, quand on est « charrette » par exemple ! Mais la même cocaïne est également vécue comme la drogue des pauvres, au fin fond de la société, sous la forme du crack. Or c'est la même molécule ! Le même produit passe ainsi pour la drogue de la « jet set » et la drogue des bas-fonds…

Selon une autre idée très répandue, la cocaïne rendrait créatif. Il existe une image très populaire de ce produit, liée au monde artistique. C'est l'image de Gainsbourg avec l'alcool, c'est Johnny Hallyday qui confie avoir pris lui aussi de la cocaïne. La prise de drogues est dans certains milieux artistiques une sorte de figure obligée. On pense aussi à Rimbaud ou à Verlaine, au dérèglement des sens. Il ne faudrait pas que les jeunes croient que prendre des drogues suffit pour être créatif ! Je trouve qu'on assiste dans les milieux artistiques à une complaisance à l'égard des drogues parfois tout à fait excessive et qui, au contraire de l'effet recherché, joue souvent contre la créativité. On ne peut pas laisser croire à un adolescent qu'il peut être créatif sans effort et que les drogues vont créer à sa place, ce n'est jamais vrai.

L'entrée dans l'addiction n'est toutefois pas toujours liée à une situation sociale et psychologique dramatique, et il faut faire une place à la pression de la rentabilité, qui peut effectivement être une des sources majeures de problèmes. D'un côté, des jeunes, dans le plus grand désespoir social, pensent qu'ils ne vont pas s'en sortir ; de l'autre, des jeunes dans des milieux beaucoup plus aisés et bourgeois, écrasés par le niveau d'exigence de l'entourage, se disent : « Je ne vais jamais y arriver. » Et cette peur de ne pas y arriver peut être une raison de se réfugier, soit dans la prise de substances, mais aussi dans d'autres formes d'addictions, comme l'enfermement dans des jeux vidéo, etc.

Il faut savoir que l'adolescent est particulièrement vulnérable à la pression du groupe des pairs : le type de fréquentations, le milieu microsocial est d'une importance capitale. On sait que les adolescents ont besoin à un certain moment d'échapper à l'emprise familiale, d'éprouver leurs expériences privées et une des manières de les vivre est de s'initier dans un groupe de pairs, d'inventer des rituels d'appartenance à ce groupe qui soient différents des rites familiaux. Généralement, tout se passe très bien à travers les premières sorties, les premières expériences sexuelles, les premières expériences de socialisation hors de la famille. Mais l'adolescent se lance parfois dans des défis, des prises de risques et des partages d'expériences interdites. On se souvient du film *West Side Story*, et comment ces bandes d'adolescents constituaient à la fois des tentatives pour créer des communautés en dehors de la famille, mais aussi pour vivre des transgressions, des prises de risques.

Ce défi adolescent demeure aujourd'hui un motif littéraire et artistique permanent. On le retrouve dans toute la littérature, même à des époques anciennes où l'adolescence n'était pas encore un phénomène sociologique comme aujourd'hui. Roméo et Juliette (le modèle de *West Side Story*) par exemple vivent une forme d'amour adolescent et leur histoire signifie : « La loi de mon désir est plus forte que la loi du groupe, de la famille, de la société et mérite que je prenne des risques même mortels. » Plus proche de nous, je pense à des films culte qui racontent des histoires d'initiation, comme *Diva* de Jean-Jacques Beineix, ou des films sur la violence qui fascinent par leur côté rebelle, comme *Tueurs nés* d'Oliver Stone. On voit bien que certains réalisateurs sont tentés de tomber dans une certaine complaisance : « Regardez jusqu'où je peux aller, regardez comme cela va faire peur à vos parents si vous venez », semblent-ils dire. Je pense aussi à toute cette esthétique des films fantastiques, ou d'horreur, qui font peur et que l'on va voir pour se lancer un défi. Ces films ne poussent évidemment pas à la consommation de drogues, mais entrent en résonance avec la recherche de sensations fortes.

Quand s'inquiéter ?

Où situer la frontière entre une consommation transgressive « normale » à cet âge-là et une consommation pathologique ? À partir de quel moment les parents doivent-ils s'inquiéter et consulter ? Le principal critère à surveiller reste le suivant : la consommation de drogue ou l'enfermement dans une autre addiction retentit-elle ou non sur le reste de l'existence ? L'adolescent continue-t-il à investir son travail, sa famille, des activités variées et surtout, à vivre une bonne socialisation avec ses amis ? Tant qu'il existe une diversité d'investissements, à mon avis, il n'y a pas à s'inquiéter. Dès qu'une conduite enferme et commence à empiéter sur les autres domaines, que l'adolescent n'arrive plus à se lever ou à sortir, là il faut commencer à s'inquiéter. Les parents doivent consulter dès qu'ils sentent que leur adolescent est en train de s'enfermer dans des conduites qui nuisent à la continuité de ces investissements. Mais ils peuvent consulter aussi bien sûr parce qu'ils s'inquiètent. Nous avons par exemple au

Centre Marmottan une « consultation parents » où l'on reçoit les parents pour faire le point avec eux et voir s'il y a un problème ou pas. Nous répondons à leurs interrogations. Ils ont le droit de parler de leurs inquiétudes, de leurs craintes, qu'il s'agisse de l'usage de drogues ou de la pratique de l'ordinateur, d'Internet, des jeux vidéo, etc.

Leurs questions portent bien sûr majoritairement sur les effets néfastes, voire dévastateurs des prises de drogues, tant sur le plan du corps, du cerveau ou du psychisme, que sur celui du devenir de l'adolescent. Il faut savoir que les principaux dangers sont de trois ordres. L'un est lié aux pratiques, à l'injection de drogues, c'est la contamination par le SIDA ou l'hépatite C par exemple. Ensuite la dépendance, qui est en soi un danger puisque l'adolescent finit par ne plus vivre que pour un produit, au mépris de sa santé et de son avenir. Enfin des dangers liés au caractère extrême de ces expériences vécues. On peut être traumatisé psychiquement par des vécus extrêmes, par exemple de mauvais trips d'hallucinogènes qui peuvent durablement fragiliser des adolescents.

Le cannabis, lui, n'endommage pas particulièrement les neurones ou les cellules, comme on l'entend parfois. La neurotoxicité des drogues demeure encore un grand débat. Un certain nombre de drogues sont neurotoxiques. Tout ce qui se fume est en partie neurotoxique, y compris le tabac puisqu'il y a de l'oxyde de carbone, qui n'est pas bon pour les neurones. L'alcool est aussi extrêmement neurotoxique, on peut voir en imagerie cérébrale de véritables atrophies chez des buveurs, avant que les signes cliniques soient évidents. Les troubles sont heureusement longtemps réversibles mais, au bout d'un moment, ils peuvent devenir irréversibles. Toutes les drogues qui donnent lieu à une dépendance agissent sur certains circuits cérébraux qui sont sensibilisés par cet usage. En résumé, on peut dire qu'il y a toujours une modification du fonctionnement cérébral induit par toutes ces substances, avec plus ou moins d'intensité. Bien sûr, l'héroïne ou la cocaïne vont stimuler très fortement ces circuits, ce sera beaucoup moins net pour l'alcool et encore moins net pour le jeu d'argent et les machines à sous, bien que ce soient aussi des pratiques très stimulantes pour les circuits cérébraux.

L'alcool : une ivresse dangereuse…

Je voudrais revenir sur l'alcool parce que je sais que les parents s'inquiètent de l'augmentation de sa consommation chez les adolescents. D'une manière générale, les Français tendent à boire moins, on constate une diminution globale de la consommation d'alcool, mais en revanche, c'est vrai, une augmentation des ivresses chez les jeunes et les adolescents. L'alcool est de plus en plus facilement perçu comme une drogue, on recherche dans l'alcool l'ivresse, les changements d'états de conscience. Il faudra le vérifier dans les années futures, mais nous sommes peut-être en train de passer du mode de consommation traditionnel à la française, à des modes de consommation plus anglo-saxons, nord-américains, où ce que l'on recherche, c'est l'ivresse une fois de temps en temps et pas du tout le fait de boire régulièrement. Certains alcooliers ou marchands d'alcool ciblent très précisément les adolescents avec des boissons qui les visent directement : d'un côté, les « Premix », boissons toutes prêtes, festives, qui ressemblent à des boissons enfantines, des sodas de toutes les couleurs mais qui sont alcoolisées ; de l'autre, des bières à haut dosage qui visent ceux qui boivent déjà de la bière ou de l'alcool. Ces bières permettent une consommation de clochard traditionnel, dans une esthétique de canette de soda... Les jeunes sont très attirés par cela.

Je veux rassurer les parents qui se demandent comment on sort un adolescent d'une forte ou d'une régulière consommation d'alcool, de cannabis ou même de cocaïne. À Marmottan, nous avons affaire à des personnes réellement et sérieusement dépendantes depuis longtemps, qui demandent elles-mêmes qu'on les accompagne pour s'en sortir. Dans la majeure partie des cas, heureusement, on peut intervenir et redresser la barre dès qu'il y a un dérapage, un excès, sans attendre une grande toxicomanie ou une grande dépendance. Nous touchons là aussi la question de la fonction parentale et de l'évaluation d'une situation. Souvent, un adolescent va tomber dans la consommation et l'excès parce qu'il a peur d'un certain nombre de choses, qu'il ressent des angoisses, des tensions qu'il va fuir en s'anesthésiant. La réponse est alors de le rassurer, le comprendre, l'entourer pour qu'il ait moins peur de se lancer dans l'existence, d'affronter la relation à l'autre. Ou parce qu'il veut faire ses propres expériences, pour prendre du plaisir, jouir, consommer tout de suite : là, il a besoin de freins, de repères, de limite et d'autorité. On voit donc bien comment ce sont les deux fonctions parentales, « maternelle » et « paternelle », qui vont être sollicitées. Il faut jouer sur les deux. En pratique, on constate aussi que c'est souvent dans des moments difficiles que traversent les familles qu'arrivent les problèmes. Divorces, séparations, chômage... où les deux fonctions, maternelle et paternelle, ont du mal à s'exprimer. Il faut pourtant à la fois du dialogue et de la discipline !

Il n'est pas toujours facile de repérer un adolescent qui essaie de vous cacher sa consommation de substances, d'autant qu'on connaît le risque décrit traditionnellement par les thérapeutes familiaux : les débuts de la dépendance sont généralement vécus par l'entourage comme une accalmie des problèmes. Ces gamins en grande révolte, en rupture scolaire, qui refusent toute autorité, donnent tout d'un coup l'impression de se calmer. En fait, ils ont trouvé – et ce peut être depuis un long moment – quelque chose qui les satisfait, un microgroupe d'appartenance, un camouflage qui contente tout le monde, y compris les parents qui profitent de cette accalmie factice en se mentant à eux-mêmes, en n'y regardant pas de trop près alors qu'ils devraient s'interroger. C'est une mauvaise économie.

Mon rôle devant une mère très inquiète ou un adolescent perdu dépend du contexte, parce que je ne peux traiter qu'au cas par cas. Mais ce qu'il ne faut pas oublier et qui serait presque un conseil universel pour toutes les mères – ou pères – quel que soit l'enfant dont il s'agit, c'est que la fonction maternelle implique une permanence et une sorte de repère absolu et inconditionnel. Et pour remplir ce rôle-là, à mon avis, le premier devoir d'une mère, d'un parent, c'est d'aller le mieux possible. Se rendre malade soi-même pour son enfant est le pire cadeau qu'on puisse lui faire parce qu'on nuit à ce qui doit le contenir, à ce qui le rassure. Donc, il faut d'abord savoir se protéger soi-même.

Nouvelles addictions

Je voudrais à présent aborder les nouvelles addictions qui sont issues de toutes ces nouvelles technologies, ordinateur, téléphone portable, jeux vidéo, Internet, etc. Dans ces nouvelles addictions, nous nous sommes d'abord intéressés à Marmottan à la pathologie du jeu, la dépendance au jeu, et d'abord aux jeux d'argent et de hasard, qui progressent énormément depuis une dizaine d'années ! Nous voyons donc en premier lieu des personnes dépendantes des machines à sous, des jeux de la Française des Jeux, des courses de chevaux, qui sont généralement des adultes. Mais quand on reprend leur histoire, un certain nombre d'entre eux ont commencé très jeunes. Il faut devenir un peu plus vigilants dans les familles vis-à-vis de ces jeux. On s'aperçoit que ceux qui deviennent des joueurs pathologiques sont souvent ceux chez qui les jeux d'argent étaient très investis par l'entourage familial, où les discussions sur l'argent avaient lieu en permanence, où la sortie à l'hippodrome ou au casino était vécue comme une fête par tout le monde et où les enfants sentaient que pour les parents, c'était quelque chose d'extrêmement important. Ces adolescents, dès qu'ils sont en âge et qu'ils ont la possibilité d'aller jouer, se sentent alors très tentés de passer à l'acte. Il faut savoir que la dépendance aux jeux d'argent existe et, même si pour l'instant on voit encore peu d'adolescents jouer, il faut être très vigilant.

En revanche, il existe une problématique réellement récente et nouvelle : la dépendance à des jeux vidéo et particulièrement à des jeux qui se jouent en réseau sur Internet. Les jeux auxquels les jeunes « s'accrochent » le plus sont des jeux d'aventure en univers persistant, ceux qu'ils appellent les *MMORPG*, les *Massively Multiplayers Online Role Playing Games*, littéralement des « jeux de rôles en ligne massivement multijoueurs ». Le premier de ces jeux, qui s'appelait *Everquest*, n'est sorti qu'en 1996, c'est donc un phénomène assez récent. Il y a aussi un autre type de jeu en réseau dont les jeunes abusent parfois, ce sont les *FPS*, les *First Person Shooter*, des jeux de tir à la première personne. Dans ces jeux, les joueurs sont représentés par des avatars, des petits personnages qu'ils dirigent, et qui vont se battre contre des dragons, des ennemis... Et ce qui est captivant, c'est qu'on se bat contre d'autres joueurs en s'alliant avec d'autres joueurs. On observe donc bien une socialisation tout à fait intéressante à travers ce jeu mais qui, comme tous les types de socialisation permis par les nouvelles technologies de l'information et de la communication, peut poser des problèmes.

La dépendance peut exister, mais la relation au risque y est très différente que dans les formes dont nous avons parlé jusqu'ici.

Dans la prise de drogue, il est évident qu'il existe un risque majeur. Dans la vitesse automobile, il existe également un risque majeur, comme dans la conduite des deux-roues, ou certains sports extrêmes. Avec le jeu vidéo, on est devant une relation au risque beaucoup plus « normal », beaucoup plus à sa place. L'adolescent va jouer à ces jeux en vivant des aventures extraordinaires, mais comme dans la lecture d'un roman policier, de science-fiction ou d'aventures. (Souvent ces mondes rappellent d'ailleurs les premiers « romans », *Perceval le Gallois* ou *Les chevaliers de la Table Ronde*).

Le risque est tout à fait symbolique et appartient à l'univers du « comme si ». Ce monde doit être un espace transitionnel, imaginaire, sans interférence avec la réalité. Les jeunes se réfugient très facilement là-dedans, ils y vivent des émotions, des sensations très intéressantes sans rien risquer sur le plan de la réalité. Ceux qui s'accrochent sont très souvent des jeunes plutôt phobiques, introvertis, timides et qui ont peur de se lancer dans la vraie vie. Ils fuient des relations intersubjectives, des problèmes dans leurs relations amoureuses, leur sexualité, et vivent parfois dans des milieux conflictuels, pris dans des séparations, des divorces où ils ne veulent pas faire de choix entre un clan ou l'autre ! La tentation est alors très grande de se réfugier dans ces univers parallèles où au moins les choses sont relativement prévisibles, où ils peuvent vivre des émotions, des sensations, d'une manière à peu près rassurante, avec des partenaires pas menaçants, et d'une certaine manière virtuels, avec qui on joue, mais avec qui on n'a pas d'interaction physique directe, et où le corps n'est pas directement en jeu !

Ce phénomène est parfois lié à ces nouvelles formes de familles recomposées, à cette culture « tribale » et de « microréseaux », où l'on peut s'isoler des ennuis et de l'agitation des adultes et verrouiller ses émotions. On voit bien comment toutes ces technologies de l'information et de la communication conduisent finalement à de nouvelles formes d'isolement. Elles permettent d'être tout le temps en contact – téléphone portable, textos, Internet – avec un certain nombre de gens et paradoxalement, les adolescents les utilisent en même temps pour s'isoler dans une microbulle. L'adolescent rentre à la maison, et s'il ne veut pas écouter papa et maman, il allume Internet et « chate » pendant une heure ou deux avec les copains qu'il vient de quitter. Il a sa « tribu », sa bulle de copains. Il part le matin, met son baladeur MP3 et écoute « sa » musique, prend son téléphone portable, envoie des textos à ses amis. Il peut ainsi toujours se déplacer avec ce sentiment d'être tout le temps en contact avec quelques personnes tout en s'isolant de tous les autres.

Un réseau apparemment ouvert mais en fin de compte fermé. On voit bien ces nouvelles stratégies d'isolement dans les transports en commun par exemple. Et de la même façon, on observe que la pratique d'un jeu vidéo qui peut tout à fait être riche, créative, intéressante, qui détend, délasse, peut aussi se transformer en refuge et conduire à l'excès et à l'isolement social.

Toutefois, certains adolescents sont particulièrement créatifs, et il faut le plus souvent les laisser tranquilles. La pratique des jeux est aussi une manière de faire le vide, de se défouler quand on a un surcroît de tensions, c'est une pratique qui peut être tout à fait normale. Il ne faut pas diaboliser l'objet parce qu'il peut devenir dépendance, sinon il faudrait diaboliser la nourriture et bien d'autres plaisirs...

C'est aussi, comme je le disais plus haut, une façon de protéger ses émotions, sans aller jusqu'à parler de verrouillage. Internet par exemple est une manière d'explorer des potentialités, sans forcément y adhérer totalement. Dans les jeux, beaucoup de garçons choisissent des avatars féminins ! Ils vont voir ce qu'ils sont en guerrières, en magiciennes, etc. Certains d'entre eux, dans les forums de discussions, vont aussi garder un pseudonyme féminin et pouvoir s'amuser à jouer avec une séduction imaginaire. Nous avons même assisté à quelques drames de garçons très déçus parce qu'ils croyaient vivre une histoire d'amour avec une femme, et s'apercevaient qu'en fait, ils correspondaient avec un garçon ! Donc on peut explorer très loin en trichant un peu sur son identité. On peut même jouer à être sadique, très méchant, alors qu'on est extrêmement timide et doux dans la réalité. Ce qu'il ne faut pas, c'est que ces explorations remplacent la vraie vie, que le transitionnel ne soit pas aussi vécu comme transitoire.

Il est également intéressant d'observer que pour le moment, ceux qui deviennent dépendants aux jeux sur Internet sont plutôt des adolescents de la bonne société, de très bons élèves, qui ont beaucoup investi la compétition scolaire, sont en première ou en terminale, et qui commencent à avoir très peur à la fois des épreuves du concours et de l'entrée dans la vie, de la compétition avec les adultes. Ils ont plutôt 16-17 ans que 12-13 ans. Ils savent très bien jouer depuis qu'ils ont 12-13 ans, mais ils basculent dans la dépendance à ce moment-là, pour reculer l'échéance du saut dans la vie d'adulte.

Ce qui signe toutefois le début de la dépendance – quelle que soit la dépendance, drogues, jeux –, c'est quand la personne se rend compte que cette pratique devient une source de problèmes, et se développe au détriment des investissements affectifs, sociaux, familiaux... Elle veut réduire ou arrêter sa pratique mais n'y arrive pas. C'est ce qui définit la dépendance et légitime l'intervention d'un thérapeute. La dépendance à Internet ou aux jeux vidéo est généralement beaucoup plus labile, c'est-à-dire mobilisable, prête à tomber, que la dépendance aux jeux d'argent, elle-même plus facilement mobilisable que la dépendance aux drogues. « Mobilisable » signifie que nous nous trouvons face à des problématiques qui peuvent se résoudre en quelques semaines ou quelques mois. Les drogues, elles, nécessitent des prises en charge pouvant durer des années avec des rechutes habituelles, presque obligatoires. L'addiction aux nouvelles technologies est donc infiniment moins inquiétante que l'usage de drogues. Nous n'avons pas de chiffres exacts, ceux qui circulent sur Internet sont issus d'études très biaisées et peu fiables. On devrait arriver logiquement à des chiffres comparables à ceux qui concernent les jeux d'argent, c'est-à-dire entre 1 et 3 % des personnes – adultes et adolescents confondus – qui deviennent dépendantes.

Pour le moment, entre parents et enfants – mais cela devrait se résoudre – une certaine fracture persiste en ce qui concerne la connaissance des jeux. Les parents ressentent donc une inquiétude disproportionnée face à la réalité de la pratique des jeux vidéo. Il faut qu'ils s'intéressent aux jeux de leurs adolescents, parce que beaucoup ne connaissent pas encore bien cet univers et s'effraient souvent du contenu manifeste de ces jeux, en particulier de leur violence, alors qu'il n'y en a pas beaucoup plus que dans un roman policier ou un film d'horreur. Il ne faut pas s'imaginer qu'il y a confusion entre le monde du jeu et la réalité : les joueurs de jeux vidéo savent toujours très bien qu'ils jouent quand ils jouent. Il faut être vigilants en revanche sur l'âge, regarder la signalétique pour éviter les confusions. Si l'on donne des jeux d'adultes à des enfants, ils pourraient confondre le jeu et la réalité. Il existe des jeux très réalistes qui ne sont pas faits pour les petits enfants, le risque étant pour eux de croire que ce qu'ils voient est vrai.

Comment parler de drogues ?

En conclusion, je dirais aux parents que l'on n'est jamais obligé de justifier ses choix éducatifs par un discours médical sur les drogues, et qu'il faut toujours assumer ses positions personnelles. On a le droit quand on est parent d'avoir des opinions et des valeurs que l'on veut transmettre. Plutôt que de souligner le danger pour la santé, de raisonner, d'argumenter sur un interdit, on peut le poser et le justifier parce que cette pratique n'est pas conforme à ses propres valeurs. Par exemple on peut dire à son adolescent : « Je ne veux pas que tu fumes du cannabis parce que je trouve ça laid, vraiment pas beau, je pense qu'on a l'air bête quand on fume, qu'on est hébété, qu'on a l'air idiot. » Donc simplement pour des raisons esthétiques, de maintien et de tenue. Cela peut parfois suffire. Après tout, dans certaines familles, les parents demandent encore aux adolescents de ne pas mettre leurs coudes sur la table en mangeant, je ne vois pas pourquoi ils toléreraient qu'ils fument du cannabis ! Par exemple si un adolescent de 15 ans arrivait complètement ivre et vomissait parce qu'il a bu trop d'alcool, je pense que tous les parents seraient capables de dire que ce n'est pas bien ni tolérable, de le reprendre, etc. Eh bien, c'est pareil pour le cannabis, on a aussi le droit de ne pas aimer et de ne pas accepter cet état vaporeux, bébête, béat que l'on affiche lorsqu'on a fumé, on a le droit de ne pas trouver cela très brillant.

Je pense aussi à ces « rave-parties » qui inquiètent les parents et toutes les autorités parce qu'elles sont, entre autres, un lieu de consommation de substances toxiques. Ces « rave-parties » posent un réel problème : elles représentent une vraie culture festive, liée à la musique techno, à cette mode des grands rassemblements qui ont un côté sympathique, festif, ludique, qui rappelle un peu le Woodstock des années 1970, mais elles facilitent aussi l'usage de substances. Il ne s'agit pas de condamner cette musique qui est une forme culturelle réellement nouvelle, mais de mesurer le danger. Beaucoup de cannabis, beaucoup d'alcool et certains excitants comme l'ecstasy circulent, c'est vrai qu'il y a un risque de consommation et qu'il faut dire aux jeunes d'être extrêmement vigilants. De plus en plus de jeunes qui commencent à avoir de vraies pathologies mentales, des débuts de schizophrénie, des problèmes psychologiques extrêmement graves, utilisent ce genre de milieu festif pour essayer de fuir un peu les réalités et leur souffrance.

Que les parents soient tout de même rassurés, l'usage de drogues n'induit pas en soi la schizophrénie ou d'autres maladies neurologiques. C'est vrai qu'il plane des doutes sur la relation entre l'usage de drogues et les pathologies mentales. On sait bien que toutes les addictions sont des sources de dépressions, d'angoisses… C'est donc la dépendance qu'il faut traiter chez un adolescent s'il fait face à une dépression. En revanche, il est faux de penser que les drogues fabriquent des schizophrénies, des paranoïas, etc. Il existe des états paranoïdes induits par les excitants, mais ce sont des états réversibles. De même qu'il existe des états de panique, de dépersonnalisation qui peuvent être liés à des hallucinogènes, au cannabis, mais ce sont aussi des états réversibles. Il n'y a pas de pathologie irréversible causée de manière certaine par des excitants. Un adolescent qui fume du cannabis ne va pas devenir pour autant schizophrène. Cependant il ne faut pas faire l'autruche, et si on a des doutes, il ne faut pas exclure la possibilité d'une pathologie mentale. On voit souvent des jeunes qui ont manifestement des troubles depuis longtemps, mais que personne n'a pu ou voulu voir, souvent par peur. Heureusement, il y a aujourd'hui très peu de décès à cause de drogues. Les statistiques sont mal connues d'ailleurs, mais nous sommes, tous âges confondus, à environ deux cents overdoses par an, contre six cents il y a dix ans.

Finalement dans la société d'aujourd'hui, ce qui m'inquiète davantage, c'est le jeu d'argent, parce que pour le moment, il n'est pas encore réellement pris en compte. Et pourtant il y a une surenchère de publicité qui pousse à jouer. Je pense que tous les médias utilisent cette logique qui est une logique addictive : les émissions de télévision entre autres poussent les gens à jouer, à dépenser de l'argent et à appeler pour des choses payantes. Nous sommes là dans une logique de consommation et de fabrication d'addictions à grande échelle. Le plus inquiétant, c'est qu'on traite les jeunes comme une cible de consommation et qu'il existe très peu de régulation. Les adolescents d'aujourd'hui sont pris dans une démarche de consommation globale compulsive dont les problématiques peuvent être très proches de problématiques addictives. Les marques les font déjà entrer dans une logique addictive, on va consommer pour se rassurer, on va consommer pour être quelqu'un, avoir une identité.

La vraie prévention devrait donc passer par un développement de l'esprit critique, par une formation à l'étude des images, une critique des objets de consommation et de la logique marchande…

6

Le Savoir (école-emploi-argent)
L'essentiel est d'avoir des ados curieux du monde

Patrice HUERRE

Dans une société où l'école n'a pas assez évolué, où l'ouverture sur le monde est plus précoce grâce aux nouvelles technologies, mais où l'emploi et donc l'autonomie financière demeurent précaires, l'ado se débat entre ses envies et ses craintes. Devant des discours plus alarmistes qu'auparavant, les parents doivent l'accompagner avec confiance et curiosité vers son avenir.

Adolescence et curiosité

La curiosité intellectuelle chez l'adolescent est, disons-le d'emblée, indissociable de ses racines et de sa source, c'est-à-dire de la curiosité infantile. Au fur et à mesure qu'il grandit, le tout-petit découvre un univers qu'il essaie de comprendre à l'aide de tous ses organes sensoriels, comme autant d'objets d'exploration. Lorsque cette curiosité des débuts de la vie n'a pas été trop contrariée par des mésaventures, elle est à nouveau activée à la puberté. La curiosité de l'adolescent s'exprime en premier lieu bien sûr vis-à-vis de son corps, de ses changements, mais aussi de ses pensées, de sa manière de voir le monde, de ses désirs envers les autres... Cette curiosité qui part du corps va donc s'ouvrir beaucoup plus largement. Mais elle se tourne d'abord vers le sujet lui-même. L'adolescence est un âge où l'on est naturellement égoïste, avant de pouvoir s'ouvrir davantage vers l'extérieur. Plus on avance en âge dans l'adolescence, plus grandit, normalement, cette disponibilité intellectuelle, culturelle, relationnelle, affective et amicale. C'est ce qui explique par exemple que les garçons dans les premières années de collège sont souvent moins bons élèves que les filles. Leur puberté étant en effet plus tardive, ils sont moins rapidement curieux de l'extérieur et donc des apprentissages scolaires, alors que les filles ont déjà plus de disponibilité.

L'adolescent et l'école

On se demande souvent pourquoi les adolescents sont de moins en moins intéressés par l'école. Mais je ne suis même pas sûr que ce constat soit vrai ! Il ne faut pas oublier qu'un pourcentage d'adolescents beaucoup plus important qu'auparavant est scolarisé. Plus un groupe est important, plus il est logique qu'il présente des problèmes, des dysfonctionnements, des situations pathologiques, en l'occurrence des jeunes qui ne sont effectivement pas intéressés par la scolarité. Pour moi, ce qui paralyse un certain nombre d'adolescents paradoxalement, c'est plutôt le surinvestissement scolaire actuel. On leur a tellement dit dès leur plus jeune âge qu'il était capital de bien travailler et d'avoir des

LE SAVOIR

diplômes pour leur avenir d'adulte que cela devient un enjeu essentiel et parfois paralysant. Certains choisissent la fuite, d'où l'absentéisme scolaire : c'est une des manières de régler à court terme le problème. Mais on aurait tort de l'interpréter forcément comme un désinvestissement.

Au contraire, les adolescents se plaignent souvent en ces termes : « Je m'ennuie, je n'apprends rien, je n'en peux plus de ne pas bouger. » Il est vrai que dans l'école d'aujourd'hui, il existe un décalage complet entre la curiosité, l'envie d'apprendre et les méthodes pédagogiques qui n'ont pas changé. C'est cela le problème nouveau, cette impression que l'école est restée figée avec les mêmes façons de concevoir l'enseignement, alors que la génération actuelle a considérablement évolué, elle, dans sa manière d'apprendre. Les nouvelles technologies l'ouvrent sur le monde de manière naturelle et de plus en plus précoce. Alors que l'école, même si je caricature un peu, fonctionne sur un modèle d'enseignement vieux de cinquante ans ! L'inadéquation est totale. L'école, excepté un certain nombre d'enseignants ou d'établissements, ne donne pas, globalement, le sentiment d'avoir beaucoup bougé dans sa manière de penser et de dispenser l'enseignement. Certaines expériences pédagogiques innovantes et compatibles avec l'exercice de la curiosité juvénile, font à l'inverse passer des tas de messages, y compris les programmes classiques. L'école doit rester le lieu d'acquisition d'une certaine gymnastique intellectuelle, de savoirs de base et de connaissances culturelles, c'est sa mission. Mais ce n'est pas pour autant que ces savoirs ne peuvent pas être enseignés de manière différente et plus adaptée à l'exercice de la vie adulte aujourd'hui…

Je suis assez opposé aux approches un peu démagogiques – prétendre, par exemple, qu'il est plus utile de dis-

119

serter sur les textes d'un rappeur ou d'un chanteur à la mode que sur Racine. Se dire : « On va faire jeune et ainsi on va leur plaire, on va utiliser tout ce qu'ils connaissent ou tout ce qu'ils aiment et ainsi tout va passer », ne sert à rien. Les adolescents ne sont pas dupes. Ils ont besoin de références adultes, donc différenciées, et ils ont également besoin de connaître l'histoire dont ils sont issus, y compris l'histoire culturelle. Ce serait une erreur monumentale de jeter aux orties tous les auteurs classiques et les savoirs fondamentaux pour ne travailler que sur des textes d'aujourd'hui ou sur Internet. Les adolescents savent très bien par eux-mêmes se procurer ces connaissances actuelles et les échanger entre eux. Étudier les auteurs classiques présente, en revanche, un double avantage : d'une part le travail de la mémoire complètement sous-valorisé aujourd'hui et d'autre part le travail sur la langue, la différence, le contexte historique, nos origines en somme. Je connais des principaux de collèges qui font passer Racine de manière tout à fait vivante et les élèves sont ravis. Nous pratiquons toujours en France un enseignement trop parcellisé, alors que l'on peut étudier Racine de façon plus globale et plus vivante, en mêlant la littérature, l'histoire, la langue. La curiosité des jeunes ne demande qu'à s'éveiller !

Il est vrai qu'aujourd'hui ils sont tellement sollicités, notamment par Internet, que l'on peut se demander si les apprentissages au collège puis au lycée servent encore à quelque chose. Leur utilité est pourtant tout à fait évidente. Si les adolescents apprennent beaucoup de choses via le Net, ils n'y acquièrent pas la capacité à organiser ces savoirs. Lorsque vous faites une recherche à partir d'un mot-clé, vous obtenez un défilé de centaines de pages mais vous ne savez pas les utiliser ni comment les classer. C'est tout l'intérêt de l'apprentissage scolaire qui indirectement aide à organiser les informations, pour les rendre exploitables. L'école joue donc là un rôle essentiel. Nous recevons ici à la clinique Georges-Heuyer des lycéens, au sein d'une consultation appelée « le Relais étudiants-lycéens » visant à évaluer les difficultés que ces derniers peuvent rencontrer dans leur scolarité. Je suis frappé de constater qu'en première ou en terminale, seule une infime minorité de jeunes – pourtant scolarisés à un niveau déjà assez haut – sait comment se débrouiller pour apprendre. On ne leur a jamais appris à apprendre ! En fin de primaire, il faudrait pourtant évaluer les facilités de chacun, qu'elles soient visuelles, auditives ou davantage fondées sur d'autres modes de mémorisation, afin d'aider chaque élève selon ses compétences. L'école doit donner accès à des domaines que l'adolescent ne connaît pas, soit parce que sa famille ne l'y amène pas, soit parce qu'il est happé par l'actualité et n'a pas forcément le temps de prendre de la distance.

Le stress lié au système scolaire

L'école a toujours généré des interrogations majeures, dans les attentes comme dans les angoisses. Mais ce qui est nouveau et dans des proportions considérables, c'est l'augmentation du stress. Personne n'a jamais été très à l'aise lors d'un contrôle, c'est normal. Mais actuellement, pour un nombre d'élèves de plus en plus grand, le stress est quasi constant. Toute leur énergie psychique se trouve alors mise au service de parades à cette angoisse et n'est donc plus disponible pour le plaisir d'apprendre ou de découvrir. Il y a là quelque chose qui ne va pas. Je crois que cela vient d'abord d'angoisses périphériques : les angoisses des parents qui veulent trop bien faire pour les enfants qu'ils ont choisis, dont ils ont choisi le nombre et quasiment l'avenir ! On a parfois l'impression qu'il faudrait en fin de compte que l'enfant s'engage dans une voie pour combler le narcissisme des parents, et colmater leurs inquiétudes, leurs angoisses existentielles. La charge est du coup considérable et enlève à ces enfants la liberté et le plaisir d'apprendre.

La compétition, les résultats, les diplômes sont devenus encore plus le problème des parents que celui des adolescents. La compétition n'est pas gênante lorsque l'on cherche à valoriser une bonne image de soi, même parfois préalablement établie par d'autres ! Mais c'est très dur. Tous ne peuvent pas suivre. La plupart des adolescents aujourd'hui ont des parents bien intentionnés à leur égard. Ils ne peuvent donc pas leur en vouloir de leur mettre une telle pression, objectivement ou non. Mais du coup, ils vont souvent se saboter eux-mêmes, se mettre en échec, en difficulté, pour essayer de se dégager de cette situation. Ils peuvent même s'en sentir coupables et rentrer alors dans des cercles vicieux très difficiles.

En outre, à côté du souci des parents, il y a celui des enseignants qui veulent obtenir suffisamment de retour sur l'utilité de leur métier, de leurs pratiques et qui attendent donc que les adolescents produisent un certain nombre de résultats. Et enfin, il y a le souci de la société, pour l'instant globalement inquiète au sujet de l'avenir. Nous ne sommes vraiment pas dans une période de grands élans comme à la Renaissance ou même dans les années 1970, avec de fortes pulsions de vie, de curiosité sur le monde, qui favorisaient la

LE SAVOIR

création. Aujourd'hui nous nous rétrécissons, chacun pour soi, chacun chez soi, dans l'individualisme et la quête de bonheur personnel. Les malheurs que nous constatons autour de nous renforcent l'idée qu'il faut s'enfermer dans une sorte de citadelle qui nous protégerait et que les études aideraient à construire. Tous les niveaux de discussion se confortent mutuellement, pas un n'entre en contradiction avec l'autre : la société, l'époque, la famille et le jeune qui se trouve lui-même au cœur de tout cela.

Comment les accompagner ?

Existe-t-il aujourd'hui de nouvelles problématiques et de nouvelles pathologies liées à l'adolescence ? Il me semble que non, mais les proportions ont changé et font apparaître deux extrêmes : d'un côté le surinvestissement scolaire, qui peut aller jusqu'à l'épuisement ou la tentative de suicide – il faut plaindre les trop bons élèves – ; de l'autre le décrochage et la rupture, la marginalisation et l'autosabotage. Ce sont deux approches, non pas nouvelles mais plus caractérisées aujourd'hui.

Et les parents sont désarmés face à cela. Je leur conseille de ne pas hésiter à se faire aider pour essayer d'abord de cerner ce qui est important pour eux, de distinguer la façon dont ils ont conçu leur rôle parental, leurs idéaux, d'un côté et la réalité, de l'autre. C'est un peu la même opération que l'on doit faire quand on a attendu un enfant. Pendant toute la grossesse, on l'a rêvé, imaginé et puis il arrive tel qu'il est et il faut réajuster le bébé réel et le bébé rêvé. Cette opération-là est à répéter par les parents à l'adolescence. Réajuster leur idéal d'avenir avec leur enfant tel qu'il s'est

123

construit. Surtout s'il marchait bien à l'école, était obéissant et gentil ; c'est souvent un autre adolescent qui apparaît ensuite, après la puberté. Ils devraient alors se souvenir de ce qui les a aidés, eux, à investir l'école, ou de ce qui ne les a pas aidés, pour ne pas répéter si possible les mêmes erreurs. Qu'est-ce qui avait suscité leur curiosité, qu'est-ce qui avait fait à un moment donné qu'ils s'étaient intéressés à une discipline plutôt qu'à une autre ? La rencontre avec un enseignant ? Un grand-père, une grand-mère ou un ami de passage qui leur avait ouvert l'esprit sur quelque chose ? C'est très concret mais très important. Ce n'est pas simplement le marteau pilon ou la pression quotidienne qui déclenchent cette envie d'apprendre.

À cette période de leur vie en effet, s'il faut continuer d'accompagner les adolescents parce qu'ils en ont besoin, il faut en même temps leur laisser de plus en plus d'espace d'investissement propre. C'est ce double mouvement-là qui n'est pas simple pour les parents parce que lorsqu'ils sont inquiets, ils pensent être indispensables et ne pas devoir lâcher. Il leur faut trouver ce moment de bascule où ils laissent progressivement de plus en plus d'initiative à leur adolescent dans l'organisation de son travail personnel pour devenir davantage, quand celui-ci le demande, des renforts ponctuels sur le plan méthodologique. Ce n'est pas simple ! Mais ils doivent, comme l'école d'ailleurs, être un lieu de passage et pouvoir amener leur enfant à s'inscrire dans le monde. L'adolescent ne sait pas toujours très bien à cet âge ce qui va l'intéresser cinq ou dix ans plus tard et quand on le pousse trop, il finit par dire quelque chose qui n'est pas nécessairement vrai. Un socle commun de connaissances, de modes de réflexion, de méthodes de travail est d'autant plus important car il sera utile partout, quel que soit le métier. Pouvoir faire appel à son sens critique, savoir se documenter, s'informer pour élargir son horizon et ne pas prendre des vessies pour des lanternes... c'est important dans toute profession, sans oublier dans l'exercice de sa citoyenneté ! On le voit bien dans les pays en grandes difficultés économiques, qui présentent un taux de scolarisation très faible, les jeunes sont un vivier formidable pour le fondamentalisme ou l'extrémisme ! Ils avalent le premier discours venu parce qu'il apporte « la » réponse à leurs questions existentielles. Il faut tout faire pour montrer à quel point le monde est plus complexe et plus ouvert.

L'ombre du monde du travail

Je crois qu'un parent doit aujourd'hui préparer son adolescent à l'idée qu'étant donné les nouvelles donnes économiques, il aura plusieurs jobs plutôt qu'une carrière ou même un emploi. Les changements en la matière sont considérables et l'un des défauts de notre pays – que nous partageons d'ailleurs avec le Japon – est d'être encore obnubilé par le trio « une formation, un diplôme, un métier ». Nous persistons à croire que le diplôme est un passe-droit pour la vie. Cette culture du diplôme est évidemment préjudiciable. La formation continue, tout au long de l'existence, est au contraire une notion totalement contemporaine qu'il faut intégrer. Sinon on laisse penser aux jeunes – et c'est une tromperie – que, parce qu'ils ont un diplôme, tout ira bien pour eux. Certains, issus des grandes écoles, pensent qu'on va leur dérouler le tapis rouge à la sortie et sont très surpris d'être refusés. Pourquoi ? Tout à coup, on leur demande : « Quel est le dernier roman que vous avez lu ? Qu'est-ce que vous aimez au cinéma ? Qu'est-ce qui vous intéresse dans le monde ? », et ils répondent : « Mais ce n'est pas dans le programme ! » L'attention portée aux autres, la capacité de curiosité, d'ouverture sur le monde, d'écoute, toutes ces qualités qui forgent un humain comptent énormément ! Et s'éduquent dès l'enfance !

Le monde du travail paraît très mystérieux à la plupart des adolescents d'aujourd'hui, contrairement aux générations précédentes. Tout d'abord, un certain nombre de parents et d'enfants ne partagent pas la même vie quotidienne, du fait des séparations ; ensuite, le contexte est très différent. Quand on demande à un adolescent : « Que font tes parents ? », il répond : « Ils travaillent dans un bureau ! » C'est tout. Là, le rôle des parents est à nouveau très important pour transmettre davantage et concrètement ce qu'ils font. Plutôt que de répéter « travaille, c'est important pour ton avenir », mieux vaut leur permettre d'aller voir ne serait-ce que l'espace où leurs parents travaillent, y passer un petit moment, et à défaut, leur expliquer en quoi consiste une journée, ce que l'on fait, en quoi c'est intéressant. Là encore, ce sont des conseils très pratiques, mais qui permettent aux jeunes de ne pas s'en tenir à une représentation totalement abstraite du travail. De plus, si les parents disent, à longueur de temps, « vivement la retraite, vivement les RTT, vivement le week-end ! », ils perdent forcément de la crédibilité lorsqu'ils conseillent : « Il faut travailler, c'est important ! » Et que dire de ceux, plus défavorisés et touchés par le chômage, qui ne se lèvent pas le matin tout en ordonnant : « Il faut aller au collège ! » Comment veut-on que ces adolescents comprennent des messages aussi brouillés ! Il faut faire attention à être cohérents.

LE SAVOIR

À la clinique, je passe mon temps à écouter des jeunes en difficulté puisqu'ils ont des problèmes psychiatriques. Aux parents inquiets, j'essaie de faire comprendre que le problème essentiel n'est pas que leur adolescent ait le bac l'année prochaine, c'est d'abord qu'il aille mieux parce qu'une bonne santé mentale lui sera utile toute la vie alors que, s'il ne va pas bien, son bac ne lui servira à rien. Cela suppose d'accepter par exemple qu'il ne reprenne pas ses études pendant les deux années qui viennent, qu'il se tourne vers une insertion professionnelle, ou une expérience de vie à l'étranger. L'essentiel est d'avoir des enfants curieux du monde et face à eux, il faut essayer de ne pas être angoissés à tout moment. Ces jeunes sont aujourd'hui forcés d'intégrer la notion de précarité au moment où ils vont commencer un projet de vie, ce qui bien entendu génère l'insécurité et une vision du monde très sombre ! Il ne faut pas en rajouter, et s'étonner de les voir déprimés et pessimistes ! Quand ils rencontrent une figure adulte qui leur fait passer une passion, un intérêt, ils envisagent le monde tout à fait différemment. Nous avons donc une grosse responsabilité, celle de ne pas leur transmettre une vision du monde partielle et toujours sombre. Cela ne veut pas dire qu'il faille basculer dans un optimisme et un angélisme béats. C'est évidemment faux et ils le savent. Mais ils ont des espaces à explorer, des choses à créer et tant mieux s'ils arrivent à faire mieux que la génération précédente pour changer le monde ! Il faut les aider à mieux identifier ce qui les passionne. Souvent lorsqu'un adolescent dit : « J'ai envie de faire telle ou telle chose », les parents, les enseignants répondent « tu verras plus tard ». Pourquoi ? On peut développer ses intérêts en parallèle, quels qu'ils soient, sportifs, musicaux, etc. Cette passion va être un moteur pour tout le reste !

127

L'ambition sociale

Malgré tout, dans notre société française plutôt tournée vers une culture de loisirs, la notion de travail chez les adolescents reste toujours très importante et associée à deux éléments essentiels : le premier, la possibilité de s'assurer une autonomie sur le plan financier, économique. Ils y tiennent d'ailleurs beaucoup et commencent des petits boulots dès qu'ils peuvent. Ce souci de travailler pour gagner sa vie, d'abord pour soi, plus tard pour ses proches, continue d'exister. Le deuxième, c'est le statut social, l'image. Les résultats scolaires, puis l'identité sociale conférée par le travail, confortent l'adolescent en quête d'identité et le font exister aux yeux des autres. C'est important.

La vie professionnelle, elle, comme je l'ai écrit plus haut, demeure mystérieuse ! Et pour cette raison, je trouve que c'est une très bonne idée d'envoyer des élèves de seconde une semaine au cours de l'année dans des entreprises. Je crois beaucoup aux rencontres. C'est le moteur de la curiosité, y compris la curiosité professionnelle. Favoriser dès le primaire des rencontres avec des professionnels divers, des artisans, des fonctionnaires, des chefs d'entreprise, me paraît beaucoup plus crucial que de se concentrer sur des choix d'orientation fournis par des tableaux informatisés ou par des tests psychologiques. Je vois assez souvent des adolescents qui ont des rêves ou des idéaux professionnels. C'est un âge où on aime « y croire » tout de même ! Et « y croire » est un moteur pour apprendre et découvrir. Mais ils ont souvent face à eux un entourage pédagogique, parental, sociétal qui passe son temps à casser ces idéaux. Tous leur rétorquent : « Tu rêves ! regarde le monde », au lieu de dire : « C'est un beau projet, j'espère que tu pourras réaliser quelque chose qui s'en rapprochera, cela va te demander de l'énergie mais c'est bien. » On ne peut pas s'étonner des désespoirs qui s'ensuivent. Je me souviens d'une jeune fille qui, devant ses camarades, n'osait pas dire ce qu'elle rêvait d'être. Pendant vingt minutes elle est restée honteuse, sans parler, puis elle a fini par lâcher : présidente de l'UNICEF ! Elle était terrorisée par la réaction du groupe, étant hospitalisée et en panne dans ses études. Et puis finalement une camarade lui a répondu : « Moi, je suis présidente d'une petite association où l'on fait chanter des enfants, des adolescents en difficulté et on les aide à se produire un peu. Si tu veux, tu peux venir. » Par cette rencontre, son rêve, à une autre échelle, prenait corps ! Notre responsabilité est de ne pas briser ces rêves qui sont un formidable moteur !

L'attrait de l'argent

Autre moteur prioritaire actuellement, l'argent. Les adolescents sont la cible de toutes les marques, des vêtements aux nouvelles technologies. Au moment où ils construisent leur identité, comment concilier le désir de faire comme le groupe et celui de se singulariser ? C'est un vrai paradoxe, au départ indépendant de cette pression marchande : l'adolescence est un âge où l'on a toujours besoin, à la fois, de se fondre dans le groupe et d'être reconnu comme un être particulier. Je distinguerais donc les deux niveaux. L'adolescence est effectivement un marché depuis le début des années 1960. À la blouse autrefois de rigueur, a succédé l'uniforme auto-établi par le groupe d'âge. Les adolescents en ont besoin et en même temps, ils veulent se différencier. Ils y parviennent s'ils se sentent suffisamment à l'aise avec eux-mêmes pour le supporter. Tant qu'on n'est pas assez bien avec soi-même, on préfère se fondre dans le groupe et ne rien afficher de différent, jusqu'aux goûts vestimentaires ou musicaux. On est conformiste, c'est ainsi. En revanche, dès que l'on se sent plus à l'aise avec soi-même, on peut oser de petites différences.

Évidemment les commerciaux, dans tous les domaines, profitent de ce conformisme ! Mais je fais le pari que dans peu d'années, les marchands – ils ont déjà commencé – vont s'intéresser davantage aux seniors, aux 60-90 ans. Dès que la démographie change, le marché change. Et comme la population juvénile se rétrécit face à la population vieillissante, elle va sans doute être un peu plus tranquille. Une des choses que l'adolescent ne supporte pas, c'est d'être dépendant des autres. Il veut afficher sa liberté de choix. Et lui souligner qu'il est le pigeon d'un certain nombre d'entreprises qui utilisent son conformisme, c'est donc important. Prenons l'exemple du tabac. Les parents peuvent très bien tenir le discours suivant : « Mais attends, à qui ça profite surtout, regarde quelles stratégies mettent en œuvre ces entreprises de tabac pour toucher et rendre accros le plus grand nombre possible de gens, les paquets de dix cigarettes, les lights… » Un ado peut ainsi démonter un peu tous les mécanismes, si l'on sait lui démontrer qu'il se fait piéger, qu'il croit être libre, mais qu'en fait, il ne choisit rien du tout. Pour les vêtements, c'est la même chose.

Contrairement à ce que l'on pourrait penser, la notion d'argent de poche, dans un monde où l'argent est roi, n'est pas du tout ringarde ! C'est dès le plus jeune âge qu'il faut commencer maintenant à en donner. C'est une manière d'offrir un espace de liberté à l'enfant, même s'il est minime.

LE SAVOIR

Cette somme ne doit pas être soumise au fait de faire plaisir ou de ne pas faire plaisir. Pour moi, idéalement, elle doit être déliée du : « Tu me fais plaisir, donc je te donne de l'argent, tu as des bons résultats scolaires, donc je te donne de l'argent. » Je suis pour une somme incompressible, indépendante de tout enjeu et qui apprend la gestion de l'argent. Cela peut être 1 euro, accompagné de la phrase : « Avec cette somme, tu fais ce que tu veux, tu l'économises, tu la dépenses, tu la donnes, c'est ton problème et ton espace de liberté. » Si l'on veut gratifier un enfant parce qu'il a de bonnes notes d'un cadeau et d'un peu d'argent en plus, c'est autre chose. Mais l'argent de poche doit être délié de toute autre bonne raison. Et puis, vers 16 ans, les parents comme l'adolescent doivent passer de la notion d'argent de poche à la notion de budget. Les parents ont là un rôle d'apprentissage très important. Par exemple, je trouve très formateur de prendre un moment avec l'adolescent pour lui expliquer : « Voilà, regarde, sur un mois type, combien coûte telle ou telle chose, les vêtements, le transport, les loisirs. Nous allons organiser les différentes rubriques et regarder ce que tu peux, toi, donner comme contribution. » Progressivement, les différents postes du budget lui sont alloués, et il apprend pour plus tard à les gérer. C'est une manière de responsabiliser l'adolescent, un glissement de la position dépendante, tributaire de ses parents pour sa vie personnelle, à une prise de responsabilités progressive sur ses achats et ses dépenses. C'est aussi peut-être une manière d'éviter que l'adolescent ne pense qu'aux « thunes », selon le terme en vogue aujourd'hui, qu'il ne soit pas qu'un consommateur mais aussi un citoyen responsable.

Mais ici, il faut oser une question : s'il ne s'intéresse qu'aux « thunes », d'où cela vient-il ? Pas du ciel ! Il faut

131

que les parents s'interrogent un peu sur les valeurs qui sont les leurs, et/ou sur celles qu'ils affichent. Ce serait bien étonnant, une mutation subite à la génération des enfants et qui occasionne ce genre de projet obsessionnel ! C'est le rôle éducatif des parents d'expliquer à quoi l'argent sert, qu'il n'est pas honteux en soi, que cela dépend comment on le gagne. Et si c'est un moteur pour faire des études, une formation professionnelle, si c'est son rêve, pourquoi pas ? Mais ce sont les parents qui doivent montrer qu'il n'y a pas que l'argent dans la vie, ouvrir leur enfant sur d'autres investissements possibles.

Cet argent roi omniprésent n'empêche nullement les parents d'enseigner d'autres valeurs comme la patience, l'effort, le courage, l'intégrité. C'est leur exemple qui fait toute la différence. À l'adolescence, leurs enfants vont peut-être trouver ces valeurs « nazes » mais quelques années plus tard, lorsqu'ils seront sortis de cette période où il est nécessaire de se manifester en s'opposant, ils les auront intégrées. La bonne méthode n'est pas de taire ces valeurs, même si elles sont dans un premier temps rejetées, mais de les exprimer. Je le redis, c'est l'exemple qui va compter plus que tout discours. C'est d'assurer une continuité dans nos manières d'être, de ce en quoi l'on croit, d'être une sorte de balise, de point de repère. L'adolescent, quinze ans plus tard, se surprendra lui-même : « Tiens, je ressemble sérieusement à papa ou à maman, alors que je m'étais promis de ne jamais le faire ! »

À côté de leurs préoccupations matérielles, il faut aussi savoir que les adolescents conservent, comme les autres générations, les mêmes interrogations philosophiques, spirituelles ou religieuses. Le sens de la vie, la relation à l'autre, ainsi que la justice ou la solidarité à l'échelle mondiale sont des valeurs primordiales pour eux. Il faut faire attention à ne pas véhiculer l'image d'une génération égoïste, individualiste, ne cherchant qu'à gagner de l'argent, captée par l'écran et qui n'aurait aucune idée ou aucune réflexion. Nous sommes là dans un discours très largement relayé par les médias mais profondément faux. Dès que l'on discute avec eux, on sent chez ces adolescents le besoin d'un interlocuteur adulte, leur appétence pour la discussion. Pendant l'adolescence, ils ont tendance à mettre de côté les plus proches figures adultes que sont les parents – ce qui ne signifie pas, encore une fois, que ces derniers doivent se réduire au silence. Mais ils restent attentifs à ce que peuvent dire d'autres adultes comme les enseignants, les membres de la famille élargie, les amis des parents. Dans ces échanges, discrètement des messages essentiels passent, même s'ils n'ont pas l'air d'y prêter intérêt.

La société du spectacle

Il est vrai que l'époque est plus au consommateur qu'au citoyen, et que certains adolescents sont intéressés, s'autoévaluent ainsi : « Je gagne beaucoup d'argent donc je vaux beaucoup. » C'est regrettable, mais c'est aux parents, par leur modèle de vie, de montrer que l'argent n'est pas le seul critère pour évaluer un être humain. Face aux modèles Eminem, Britney Spears ou Zidane, il est souvent difficile de leur montrer que l'argent ne se gagne pas toujours facilement, vite et que tout le monde ne gagnera jamais autant d'argent. Il faut encore une fois leur expliquer. Ce n'est pas pour autant qu'ils vont le croire, mais il faut le leur répéter !

L'adolescence est un âge de rêves, de passions et c'est tant mieux, à condition que nous, parents et société, n'entretenions pas leurs illusions. Moi, je préfère que les adolescents soient passionnés y compris de choses que je trouve stupides, plutôt que de les voir déprimés. Par la suite, tout dépendra de ce qu'ils feront de cette énergie pulsionnelle et libre ! Elle va se fixer où elle peut, elle se fixe là où la télévision leur dit de se fixer pour certains, ailleurs pour d'autres, mais dénote toujours l'existence de potentialités d'investissements. C'est toujours un bon signe que l'adolescent soit capable de s'enthousiasmer ou d'avoir des rêves. On peut essayer d'infléchir un peu la direction, modérément, mais surtout se rassurer sur le fait qu'il aime la vie ! Ce qui compte, c'est de ne pas casser le moteur.

On me dit que nous sommes dans une société où la « star » de la semaine détrône celle de la semaine précédente et où, en caricaturant, on a l'impression que le chanteur a remplacé le philosophe ? Je pense que c'est vrai bien sûr, mais transitoire. Après tout, dans les chansons à la fin des années 1960 aussi, les paroles n'étaient pas toutes formidables ! Je ne sais pas si les adolescents d'aujourd'hui manquent tellement de référents. Les représentations qu'on a des générations suivantes sont souvent fausses. Si je me fais l'avocat du diable, je dirais que toutes ces modes, comme la Star Ac', ont aussi des vertus fédératives, elles fondent des groupes, permettent des relations amicales : on partage les mêmes goûts, on a une raison de se voir, de se parler, d'échanger. Elles créent du lien générationnel, donc je trouve que c'est nécessaire. Chaque génération a été marquée par des musiques, des modes, des figures variées, les unes fortes, les autres sans grande valeur. Et même s'il existe davantage de « modèles » télévisuels aujourd'hui, je reste optimiste car les adolescents sont aussi tout à fait capables de fermer le poste et de voir autre chose.

De toute façon, on ne peut pas ne pas tenir compte du monde dans lequel ils vont devoir vivre. Ils ont besoin pour y évoluer de mettre en œuvre des compétences et des intérêts différents des nôtres. Sinon ils seront tout à fait inadaptés. Je pense aux parents qui déclarent : « Non, moi, mon enfant à la maison n'aura surtout pas d'ordinateur, ne regardera surtout pas les émissions de télé, etc. » Ils en font des enfants qui ne seront pas capables de se débrouiller dans le monde. Le rôle éducatif des parents est d'apporter une régulation et d'éviter les excès. Mais on ne peut pas dire « au secours, la télévision, l'ordinateur, Internet ! » C'est un univers dans lequel les adolescents doivent acquérir des compétences. Étant donné le développement considérable de la visioconférence, les réunions dans quelque temps n'auront certainement pas lieu dans les bureaux. Les adolescents qui n'auront pas acquis ces outils, face aux jeunes Chinois ou aux jeunes Indiens, n'existeront pas.

Savoir les guider

Finalement, dans un monde très pragmatique, mon sentiment est qu'il existe toujours beaucoup de place pour la curiosité intellectuelle, le pur plaisir d'apprendre et de rêver. Contrairement à ce que les médias racontent, je dirais que les adolescents, s'ils donnent l'impression de ne s'intéresser à rien, portent en fait une vraie attention aux vraies questions. Je n'en ai jamais rencontré qui ne s'intéressaient à rien, sauf ceux qui se battent contre une dépression profonde. Pour tous les autres, j'ai l'habitude de dire aux parents : « Faites de la traduction simultanée, c'est un truc très simple pour comprendre le discours adolescent. Vous traduisez chaque expression par son contraire et vous avez la mesure. » Derrière : « Je ne m'intéresse à rien » par exemple, il vaut mieux entendre : « Je m'intéresse à trop de choses et je ne sais pas comment me débrouiller dans ce trop, comment faire le tri, par quoi commencer, ce qui va vraiment me plaire, il y a trop de possibles. » Alors ensemble, vous pouvez procéder à de l'élagage. Je crois profondément qu'il ne faut pas prendre les propos des adolescents trop au pied de la lettre.

Et si je devais pointer quelques problématiques ou pathologies nouvelles, que je ne voyais pas il y a dix ans par exemple, je serais tenté de rejoindre un certain nombre de mes confrères : comme les parents et la société posent moins de régulations dans les choix et les contraintes, que la liberté individuelle est nettement plus mise en avant, chacun est davantage renvoyé à lui-même, et ne peut plus en vouloir aussi facilement à une instance extérieure. La porte est alors grande ouverte pour les dépressions, les autosabotages, les tentatives de suicide. Par tous ces mécanismes, l'adolescent retourne contre lui toute cette agressivité qu'il ne peut plus exprimer à l'égard d'une société qui l'empêcherait de mener sa vie comme il le veut. Les contenants éducatifs constituaient une protection. Aujourd'hui, chacun est renvoyé à lui-même et au sentiment de ne pas être bon, d'être nul parce qu'il n'a pas réussi à faire exactement ce qu'il avait la possibilité théorique de faire, et s'angoisse. Quand les parents disent : « Tu choisis, tu fais ce que tu veux, c'est toi qui vois ; pour nous, que tu sois plombier ou polytechnicien, c'est pareil du moment que tu

LE SAVOIR

es heureux » – nous voyons beaucoup de parents qui d'ailleurs ne pensent pas un mot de ce qu'ils racontent, et qui se croient bons parents en tenant ce discours –, leur adolescent se trouve face à lui-même, angoissé de ne pas savoir ce qui leur fait vraiment plaisir ou pas. C'est une vraie panique qui l'envahit ! Il est plus simple d'avoir des parents qui expliquent : « Écoute, tu décideras de ce que tu veux un peu plus tard. Nous, pour l'instant, au vu de tes compétences et de ce que tu nous a montré jusque-là, on te dit qu'il faut que tu fasses cela. » Il va suivre cette voie ou s'y opposer et vouloir faire l'inverse, mais au moins, il a des points de repères et d'appui. C'est capital pour qu'un adolescent se construise sereinement.

Table des matières

Préface 7

1. LA SEXUALITÉ, par Marcel RUFO
Les ados croient toujours au grand amour 13

- La sexualité comme forme d'indépendance 15
- Faut-il en parler ? 15
- Nouvelles formes de sexualité ? 17
- Inégalité devant le sexe 20
- Repérer un comportement déviant 21
- L'orientation sexuelle 22
- Évolution de la sexualité ? 24

2. L'AUTORITÉ, par Serge HEFEZ
Ce n'est pas l'ado qui décide 31

- Établir une hiérarchie 31
- L'autorité a-t-elle un sexe ? 32
- La recherche du conflit et ses limites 38
- Perte des repères et repli sur la famille 39
- Un excès d'affection ? 41
- Rétablir une hiérarchie 42
- Un juste lien 45
- Comment s'y prendre ? 49

3. LE CORPS, par Philippe JEAMMET
*Aujourd'hui l'ado maltraite
davantage son corps* 51

- Un corps en héritage 52
- Un nouveau langage 54
- Insatisfactions et angoisses 55
- Éprouver son corps 57
- Angoisses et pathologies 60
- La dictature des apparences 63
- Redonner envie 67

4. LA VIOLENCE, par Daniel MARCELLI
*La première des violences est celle
de la société* 69

- Définition 69
- Le désir et le manque 71
- Progression de la violence ? 73
- La violence dans la famille 75
- La violence à l'école 81
- Violence et société 85
- Quelle éducation 89

5. LES DROGUES, par Marc VALLEUR
*Dès qu'une conduite isole ou enferme
l'adolescent, il faut consulter* 91

- Différentes drogues 91
- Différents usages 95
- L'adolescence : période « à risque » 96
- Plaisir, performance, ou fuite ? 98
- Quand s'inquiéter ? 102

TABLE DES MATIÈRES

– L'alcool : une ivresse dangereuse… 104
– Nouvelles addictions 106
– Comment parler de drogues ? 112

6. LE SAVOIR (école-emploi-argent),
par Patrice HUERRE
L'essentiel est d'avoir des ados
curieux du monde 117

– Adolescence et curiosité 117
– L'adolescent et l'école 118
– Le stress lié au système scolaire 121
– Comment les accompagner ? 123
– L'ombre du monde du travail 125
– L'ambition sociale 128
– L'attrait de l'argent 129
– La société du spectacle 133
– Savoir les guider 135

Graphisme Joëlle Moreau.
Imprimé en France par Normandie Roto Impression s.a.s.
61250 Lonrai
pour le compte de Bayard Éditions.

N° d'impression : 100773 – Dépôt légal : mai 2008
N° d'édition : 8562-04